税务教育培训系列教材·税务高等教育系列

U0893243

社会保险费

国家税务总局学习兴税指导委员会
全国税务专业学位研究生教育指导委员会 组织编写

中国税务出版社

图书在版编目（CIP）数据

社会保险费／国家税务总局学习兴税指导委员会，全国税务专业学位研究生教育指导委员会组织编写．--北京：中国税务出版社，2024.9
税务教育培训系列教材
ISBN 978-7-5678-1447-9

Ⅰ．①社…　Ⅱ．①国…②全…　Ⅲ．①社会保险-保险费-中国-高等学校-教材　Ⅳ．①F842.61

中国国家版本馆 CIP 数据核字（2024）第 050252 号

书　　名：社会保险费
SHEHUI BAOXIANFEI
作　　者：国家税务总局学习兴税指导委员会
全国税务专业学位研究生教育指导委员会　组织编写
责任编辑：张　赛　高莉贤
责任校对：姚浩晴
技术设计：林立志
出版发行：中国税务出版社
北京市丰台区广安路 9 号国投财富广场 1 号楼 11 层
邮政编码：100055
网址：https：//www.taxation.cn
投稿：https：//www.taxation.cn/qt/zztg
发行中心电话：（010）83362083/85/86
传真：（010）83362047/49
经　　销：各地新华书店
印　　刷：北京天宇星印刷厂
规　　格：787 毫米×1092 毫米　1/16
印　　张：9.25
字　　数：153000 字
版　　次：2024 年 9 月第 1 版　2024 年 9 月第 1 次印刷
书　　号：ISBN 978-7-5678-1447-9
定　　价：29.00 元

《社会保险费》编审人员

主　审　罗天舒

审　核　（以姓氏笔画为序）
卢　艺　张成刚　曹　越　葛玉御

策　划　史　峰　高永清

主　编　郑文敏

副主编　杜志农　张　峰　王发运

编　写　（以姓氏笔画为序）
马一舟　王　涛　王　敏　王文杰　王立群
王雨琛　王益平　方　向　卢　磊　卢鹏臣
付　茵　邢　璐　伍　莎　伦玉君　刘　静
刘征宇　许锦成　李　侠　李少恒　李抒谊
李星莹　李莹坤　李晓东　杨　宁　杨洪林
张　帅　张向东　张迪秋　陈　涛　陈　辉
陈云琴　陈丽阳　罗　茜　周池敏　郑　宏
单梓恒　孟佳雯　赵夫威　侯志国　夏智灵
钱　晟　高　尧　郭　锐　黄亦发　崔　璨
靳恩帅

编写说明

为了落实习近平总书记关于加强教材建设的重要指示批示精神，服务中国特色社会主义高等教育发展，将税务高等教育教材建设作为完善财税治理体系和提升治理能力的战略考量，作为税务人才培养的前瞻性、基础性工程，满足高等院校学生学习权威、专业、前沿、符合税收征管实际的税收知识的需要，国家税务总局学习兴税指导委员会、全国税务专业学位研究生教育指导委员会共同组织编写了税务高等教育系列教材。

税务高等教育系列教材以税务专业硕士、博士研究生为主要读者对象，同时面向高等院校经济、财政、金融、贸易等专业学生，是一套理论与实践相结合的学习用书。本系列教材以马克思主义政治经济学为基础，以党的十八大以来习近平总书记关于税收工作的重要论述为指导，总结提炼中国式现代化税务实践的创新举措、经验做法和改革成果，按照“1+N”体系编写。“1”指中国税务学会组织编写的《税收学》，突出基础性和综合性；“N”细化为《货物和劳务税》《所得税》《财产行为税》《国际税收》《社会保险费》《政府非税收入》《纳税服务》《税收征管》8本教材，注重“理论+实务（案例）”内容，突出专业性和实践性。

《社会保险费》是税务高等教育系列教材之一，主要基于社会保险费划转至税务部门征收的改革背景，旨在为社会保险费理论研究和人才培养，提供一本具有基础性、系统性和权威性的高等教育教材。社会保险是社会保障体系的核心，社会保险基金是社会保险制度赖以运行的物质基础，社会保险费是社会保险基金的最主要来源。本书内容上注重理论与实践相结合，指导学生系统掌握社会保险费知识体系，了解税务部门社会保险费征收现状，并引导学生对当前社会保险费征收中的问题展开思考。

本书以社会保险费政策和征收管理为重点，共7章26节，采用总分结构。第一章为社会保险费概述，介绍社会保险、社会保险费、费制要素等概念及新时代我国社会保险制度发展前瞻；第二章至第五章为各险种介绍，是全书的核心部分，包括养老保险费、医疗保险费、生育保险费、失业保险费、工伤保险费，介绍各险种定义、发展沿革、费制要素等；第六章为社会保险制度最新发展，介绍正在试点实施的职业伤害保障制度和长期护理保险制度；第七章为社会保险费征缴及统计核算，介绍社会保险费征收体制、征缴规定、征缴争议、统计核算等内容。

本书在编写过程中坚持以下几个原则：一是提高政治站位。介绍我党在不同历史时期对社会保险事业的主张，宣传我国社会保险制度改革和事业发展的成就。二是体现税务特点。聚焦社会保险费征管职责，在各险种章重点介绍覆盖范围、缴费人、缴费基数、费率、应缴费额、统筹层次等费制要素，还专章介绍社会保险费征缴及统计核算工作。三是确保权威专业。书中所有内容、数据都有公开且权威的出处，相关表述力求客观、准确、公正。

由于水平有限，书中疏漏之处在所难免，恳请读者批评指正。如有意见或建议，请发送至电子邮箱 jyzxjcc@ 163. com。

编　者

2024 年 9 月

目　录

第一章　社会保险费概述

【学习目标】社会保险是社会保障体系的核心，社会保险基金是社会保险制度赖以运行的物质基础，社会保险费是社会保险基金的最主要来源。本章主要介绍社会保险和社会保险费的相关内容。通过本章学习，了解我国社会保险发展历程、社会保险基金的筹资模式、新时代我国社会保险制度的发展前瞻等有关内容，掌握我国社会保险费的主要项目和分类、费制要素等有关知识。

第一节　社会保险

一、社会保险的定义及其与社会保障的关系

（一）社会保险的定义

社会保险，是指国家通过立法，多渠道筹集资金，对劳动者在因年老、疾病、失业、工伤、生育等减少劳动收入时给予经济补偿，使其能够享有基本生活保障的一项社会保障制度。社会保险主要包括养老保险、医疗保险、失业保险、工伤保险和生育保险等项目。

（二）社会保险与社会保障的关系

在我国，社会保险包含于社会保障体系之中，是社会保障体系的核心内容，两者均由国家立法确定。社会保障一般包括社会保险、社会救济、社会福利和社会优抚、社会互助等多种保障政策。

社会保险一般实行权利义务相对应的原则，享受社会保险待遇需要履行相应的缴费义务；社会救济、社会福利和社会优抚等资金来源主要是政府公共预算，不需要履行缴费义务。社会保险、社会救济、社会福利、社会优抚和社会互助既相互联系又相互区别，它们的有机结合形成完整的社会保障体系。

二、社会保险的主要功能

2021年2月，习近平总书记在主持十九届中央政治局第二十八次集体学习时强调，社会保障是保障和改善民生、维护社会公平、增进人民福祉的基本制度保障，是促进经济社会发展、实现广大人民群众共享改革发展成果的重要制度安排，发挥着民生保障安全网、收入分配调节器、经济运行减震器的作用，是治国安邦的大问题。[①] 社会保险在我国社会保障体系中处于核心地位，社会保障的功能定位也适用于社会保险。本书将社会保险的功能阐释如下。

1. 民生保障安全网。

老有所养、病有所医是人民最基本的民生保障需求，也是一个政权应为人民提供的最基本的权利保障。国家建立社会保险制度，把众多社会成员联结在一起，通过筹集一定的资金，对人民因年老、疾病、失业、工伤、生育等减少劳动收入时给予经济补偿，使其能够享有基本生活保障。比如，职工退休后不再有劳动所得，收入稳定性减弱，国家发放养老金使其有稳定的收入来源，保障其基本生活。

2. 收入分配调节器。

现实生活中，由于人们在文化水平、劳动能力、资本积累等方面的差异，会形成收入上的差距。社会保险制度通过国家立法，以社会保险费或税收及其他形式进行收入再分配，缩小贫富差距，平衡不同利益群体之间的关系，推动实现社会公平的目标。比如，城镇职工基本养老保险（包括企业和机关事业单位基本养老保险）个人缴费基数设置上下限，“保底限高”，进而调节基本养老金待遇，实现收入分配调节功能。

3. 经济运行减震器。

经济发展呈现周期性，社会保险结合经济周期不同时期实际情况，通过调整社会保险的项目、费率和待遇支付标准，改善居民消费预期，调节社会总需求，有助于减小经济波动的振幅。当经济衰退、失业率提高时，通过失业保险可拉动有效需求，提高社会购买力；当经济繁荣、失业率下降时，社会保险支出相应缩减，从而使社会总需求有所控制，达到促进供需平衡、减小经济波动幅度的效果。

---

① 习近平．促进我国社会保障事业高质量发展、可持续发展［J］．求是，2022（8）．

三、社会保险的主要特点

社会保险因各国国情不同而存在差异。总体来看，各个国家的社会保险普遍具有以下基本特点。

一是权利义务相对应。享受社会保险待遇的权利与履行参保和缴费的义务是相联系、相对应的，依法参加社会保险和履行缴费义务是享有社会保险待遇的前提条件。

二是强制性。社会保险由国家法律保证其强制实施。参加社会保险的成员资格是通过国家立法确认的，在国家法律法规规定的范围内，每一个社会成员或劳动者都必须依法参加社会保险，缴纳社会保险费。当然，有些社会保险项目在起步的特定阶段也可能实行非强制的弹性政策。

三是福利性。从各国实践情况来看，社会保险是政府和社会为公众服务的一项重大社会公益事业，其目的是促进社会公平、促进经济发展与社会进步。政府支持并对资金缺口进行最终兜底，社会保险专门机构依法对服务对象进行物质帮助，提供各种服务，这些帮助及服务都是非营利性的。

四是互济性。互济性是社会保险最重要的特征，贯穿社会保险基金的筹集、管理、支付全过程，体现在参加社会保险的成员之间，通过国家、雇主、雇员共同筹资，发挥社会伙伴间的互助合作作用。

四、我国社会保险的发展历程和主要项目

（一）发展历程

保障广大劳动者的基本权益和基本生活，是由中国共产党的性质和根本宗旨决定的。早在成立之初，中国共产党就把建立社会保险制度作为奋斗目标之一，并领导工人阶级为争取实行社会保险进行了坚决的斗争。1922 年，《中国共产党第二次全国代表大会宣言》提出“工厂保险”“保护失业工人”等内容，这是党的文件第一次提出社会保险的主张，此后历次党代会都将实行社会保险作为重要的社会经济政策主张。1931 年 11 月，中华工农兵苏维埃第一次全国代表大会通过的《中华苏维埃共和国宪法大纲》明确提出“创立社会保险制度”，大会通过的《中华苏维埃共和国劳动法》对社会保险对象、社会保险基金的筹集和管理、社会保险项目等作出具体规定。抗日战争时期，党对社会保险政策进行了相应调整，各边区政府根据抗战时期的实际情况，制定了社会

保险法规，体现了既要“改良工人的生活”，又要“使资本家有利可图”的方针和宗旨。由于战争和边区经济力量相对薄弱，企业的经济负担能力低，这个时期设置的社会保险项目不多，待遇标准也较低。解放战争时期，党的社会保险政策又有了新的调整和发展，制定了以发展生产、繁荣经济为目的，以公私兼顾、劳资两利为目标的劳动保险政策。这些规定保护了劳动者的利益、激发了工人的劳动热情，对发展解放区的工商业、支援全国的解放战争发挥了积极作用。

中华人民共和国成立 70 多年来，党和政府始终高度重视广大劳动者的基本权益和社会保障问题，颁布了一系列政策法规，社会保险制度从无到有，保险项目从少到多，覆盖范围从覆盖部分人群到覆盖全民、统筹城乡，待遇水平逐步提高，建成了世界上规模最大的社会保障体系。截至 2023 年底，基本医疗保险参保人数达 13.34 亿人，基本养老保险参保人数达 10.66 亿人。[①] 70 多年的发展历程大致可以分为四个阶段。第一个阶段是实行劳动保险时期（1949—1983 年）。在这一时期，社会保险制度开始建立，“文化大革命”期间基本停滞，改革开放以后逐步恢复。第二个阶段是改革重建社会保险制度时期（1984—2002 年）。在这一时期，经历长时间的探索，城镇各项社会保险制度全面重构，制度框架体系基本定型。第三个阶段是统筹城乡社会保险制度建设时期（2003—2012 年）。在这一时期，社会保险覆盖范围从就业人群扩大到居民，城乡居民养老保险和医疗保险乘势而起，强力推进。第四个阶段是建立更加公平合理的社会保险制度时期（2013 年至今）。社会保险走向全覆盖、保基本、多层次、可持续的发展道路，覆盖全民的社会保障体系进一步完善，实现应保尽保。

1. 实行劳动保险时期（1949—1983 年）。

1949 年 9 月，中国人民政治协商会议第一届全体会议通过了具有临时宪法作用的《中国人民政治协商会议共同纲领》，其第三十二条明确规定要“逐步实行劳动保险制度”。1951 年 2 月，政务院公布施行《中华人民共和国劳动保险条例》（以下简称《劳动保险条例》）。1953 年 1 月，政务院修正《劳动保险条例》，进一步扩大劳动保险的范围，并提高部分劳动保险的待遇标准。几乎与企业实行劳动保险制度同步，国家机关和事业单位也建立了有关生活福利

---

① 数据来自《中华人民共和国 2023 年国民经济和社会发展统计公报》。

保障制度，主要是退休养老制度和公费医疗制度。

2. 改革重建社会保险制度时期（1984—2002 年）。

改革开放以后，随着经济体制转轨和国有企业改革，特别是劳动合同制的推行和《中华人民共和国企业破产法（试行）》的实施，使“文化大革命”以后实行的企业（单位）自行负担的“企业保险”格局，已经越来越多地暴露出不适应性，越来越不能适应企业改革和经济发展的要求。首先是企业之间退休费用负担畸轻畸重，退休人员较多的老企业参与竞争时处于十分不利的地位；在医药费持续高涨的情况下，按单位报销管理的方式导致明显苦乐不均，医药费“白条”挂账与浪费严重的现象普遍并存。其次是原有的保险项目只在国有企业和部分集体企业实行，大量新出现的非国有经济组织中，职工的社会保险权益没有得到保障。最后是随着劳动用工制度改革，就业“铁饭碗”和“终身制”被打破，劳动力管理走向社会化；工资制度改革后，原有的等级工资制度被打破，新建企业已没有标准工资，按标准工资作为养老金计发基数的办法难以实行下去。自 1984 年起，国家开始实施城市经济体制改革，部分地方探索试行企业退休费用社会统筹：按照工资总额的一定比例统一筹集资金，统一支付离退休人员的养老金。总的来说，从 20 世纪 80 年代中期开始，国家对社会保险制度进行了一系列改革：改革完善企业职工养老保险制度、改革职工医疗保险制度、建立失业保险制度、改革工伤保险和生育保险制度、建立社会保险经办体系、加强社会保险费征缴等。

3. 统筹城乡社会保险制度建设时期（2003—2012 年）。

在这一时期，我国城乡经济社会发展差距较大，虽然农村人口占大多数，但我国社会保险工作的重心一直在城镇单位和职工。进入 21 世纪后，随着工业化、城镇化进程加快，我国社会经济结构发生了巨大变化，大量农村劳动力外出就业，加上实行了 30 多年的计划生育政策，农村家庭同城镇家庭一样出现了小型化趋势，传统的家庭保障功能趋于弱化，需要探索适应社会发展特点的新办法。同时，我国经济发展和财力增强，也使这种探索有了可能。党的十七大报告提出：加快建立覆盖城乡居民的社会保障体系，保障人民基本生活。这一时期建立起新型农村社会养老保险制度、城镇居民社会养老保险制度、新型农村合作医疗制度、城镇居民基本医疗保险制度等。

4. 建立更加公平合理的社会保险制度时期（2013 年至今）。

党的十八大以来，党中央把社会保障体系建设摆上更加突出的位置，推动我国社会保障体系建设进入快车道。中央政治局会议、中央政治局常委会会议、中央全面深化改革委员会会议等会议多次研究审议改革和完善基本养老保险制度总体方案、深化医疗保障制度改革意见等，对我国社会保障体系建设作出顶层设计，改革的系统性、整体性、协同性进一步增强。这一时期进行了一系列改革：统一城乡居民基本养老保险制度，改革机关事业单位养老保险制度，实现机关事业单位和企业养老保险制度并轨，建立企业职工基本养老保险基金中央调剂制度，实施企业职工基本养老保险全国统筹制度；整合城乡居民基本医疗保险制度，全面实施城乡居民大病保险；推进全民参保计划，降低社会保险费率，划转部分国有资本充实社保基金；开展职业伤害保障、长期护理保险试点；等等。

（二）主要项目

因经济发展水平不同，社会制度及政策目标不同，不同国家社会保险的项目存在差异，一般包括养老（残疾及遗属津贴）、疾病、工伤、失业、生育等项目。我国社会保险主要项目包括基本养老保险、基本医疗保险、工伤保险、失业保险和生育保险，部分地区正在进行职业伤害保障、长期护理保险试点。

我国基本养老保险包括企业职工基本养老保险、机关事业单位工作人员基本养老保险、城乡居民基本养老保险，实现了各类人群的全覆盖。其中，企业职工基本养老保险和机关事业单位工作人员基本养老保险统称城镇职工基本养老保险，两者区别在于：前者覆盖除机关事业单位及其编制内人员以外的各类用人单位及其职工，后者仅覆盖机关事业单位及其编制内工作人员。城乡居民基本养老保险覆盖范围是年满 16 周岁（不含在校学生），不属于城镇职工基本养老保险制度覆盖范围的城乡居民。

基本医疗保险包括职工基本医疗保险、城乡居民基本医疗保险，是覆盖人数最多的险种。其中，职工基本医疗保险覆盖各类用人单位及其职工，城乡居民基本医疗保险覆盖除职工基本医疗保险应参保人员以外的其他所有城乡居民。生育保险自 2019 年起与职工基本医疗保险合并实施，覆盖范围与职工基本医疗保险一致。

失业保险覆盖除公务员和参照《中华人民共和国公务员法》（以下简称《公务员法》）管理的工作人员以外的城镇用人单位及其职工。

工伤保险覆盖各类用人单位及其职工，自 2022 年起，正式将公务员纳入工伤保险制度。

五、国家对社会保险事业发展的支持

（一）税收优惠

国家通过税前扣除或减征、免征等税收优惠措施支持社会保险事业发展。

1. 企业所得税税前扣除。

企业依照国务院有关主管部门或者省级人民政府规定的范围和标准为职工缴纳的基本养老保险费、基本医疗保险费、失业保险费、工伤保险费、生育保险费等基本社会保险费，准予在企业所得税税前扣除。企业为投资者或者职工支付的补充养老保险费、补充医疗保险费，在国务院财政、税务主管部门规定的范围和标准内，准予在企业所得税税前扣除。

2. 个人所得税政策支持。

个人按照国家或省（自治区、直辖市）人民政府规定的缴费比例或办法实际缴付的基本养老保险费、基本医疗保险费和失业保险费，允许在个人应纳税所得额中扣除。对工伤职工及其近亲属按照《工伤保险条例》规定取得的工伤保险待遇，免征个人所得税。生育妇女按照县级以上人民政府根据国家有关规定制定的生育保险办法取得的生育津贴、生育医疗费或其他属于生育保险性质的津贴、补贴，免征个人所得税。个人实际领（支）取原提存的基本养老保险金、基本医疗保险金、失业保险金时，免征个人所得税。

为促进企（职）业年金（即补充养老保险）发展，国家制定了专门的税收优惠政策。根据《财政部 人力资源社会保障部 国家税务总局关于企业年金 职业年金个人所得税有关问题的通知》（财税〔2013〕103 号），在缴费阶段，对企业和事业单位按规定为职工缴付的企业年金、职业年金单位缴费部分，在计入个人账户时，个人暂不缴纳个人所得税，个人按规定缴付的年金个人缴费部分，在不超过本人缴费工资计税基数的 4%标准内的部分，从个人当期的应纳税所得额中扣除；在投资阶段，年金基金投资运营收益分配计入个人账户时，个人暂不缴纳个人所得税。

为贯彻落实《国务院办公厅关于推动个人养老金发展的意见》（国办发〔2022〕7 号）有关要求，财政部、国家税务总局发布《关于个人养老金有关个人所得税政策的公告》（财政部 税务总局公告 2022 年第 34 号），明确自 2022 年 1 月 1 日起，在个人养老金先行城市实施个人养老金递延纳税优惠政策，即在缴费环节，个人向个人养老金资金账户的缴费按照 12000 元/年的限额标准据实扣除；在投资环节，计入个人养老金资金账户的投资收益暂不征收个人所得税；在领取环节，个人领取的个人养老金不并入综合所得，单独按照3%的税率计税。

（二）社会保险帮扶

失业、贫困人员等特殊群体，自身无力缴纳社会保险费，需要政府介入和社会帮扶。政府可采取多种方式，落实代缴、补贴等优惠政策，确保这部分人员能享受社会保险相关权益。

1. 失业人员帮扶政策。

为做好领取失业保险金期间的失业人员参加职工基本医疗保险工作，接续基本医疗保险关系，保障合理的医疗待遇水平，2011年6月，人力资源社会保障部印发《关于领取失业保险金人员参加职工基本医疗保险有关问题的通知》（人社部发〔2011〕77号），明确由失业保险经办机构统一为领取失业保险金人员办理职工基本医疗保险参保缴费手续，所需费用由失业保险基金支付，个人不缴费；参加职工基本医疗保险当月起，可以按规定享受相应的住院和门诊医疗保险待遇。

2. 困难群体帮扶政策。

2021年8月，人力资源社会保障部、民政部、财政部、国家税务总局、国家乡村振兴局、中国残疾人联合会印发《关于巩固拓展社会保险扶贫成果助力全面实施乡村振兴战略的通知》（人社部发〔2021〕64号），要求减轻困难群体参保缴费负担，完善困难群体参保帮扶政策。对参加城乡居民养老保险的低保对象、特困人员、返贫致贫人口、重度残疾人等缴费困难群体，地方人民政府为其代缴部分或全部最低缴费档次养老保险费。在提高最低缴费档次时，对上述困难群体和其他已脱贫人口可保留现行最低缴费档次。支持和鼓励有条件的集体经济组织和其他社会经济组织、公益慈善组织、个人为参加城乡居民养老保险的困难人员参保缴费提供资助。对灵活就业的进城务工人员，引导其参加企业职工基本养老保险，对符合就业困难人员条件的，按规定落实社会保险补贴政策。

2021年1月，国家医疗保障局、民政部、财政部、国家卫生健康委、国家税务总局、银保监会、国家乡村振兴局印发《关于巩固拓展医疗保障脱贫攻坚成果有效衔接乡村振兴战略的实施意见》（医保发〔2021〕10号），要求根据脱贫人口实际困难，统筹完善居民医保分类资助参保政策，合理把握调整节奏、力度、时限。对特困人员给予全额资助，对低保对象给予定额资助，脱贫不稳定且纳入相关部门农村低收入人口监测范围的，过渡期内可根据实际，享受一定期限的定额资助政策。

（三）社会保险补贴

1. 稳岗补贴。

为支持企业稳定岗位，促进就业创业，2014 年 11 月，人力资源社会保障部、财政部、国家发展改革委、工业和信息化部印发《关于失业保险支持企业稳定岗位有关问题的通知》（人社部发〔2014〕76 号），要求更好发挥失业保险预防失业、促进就业作用，激励企业承担稳定就业的社会责任，明确对采取有效措施不裁员、少裁员，稳定就业岗位的企业，由失业保险基金给予稳定岗位补贴。近年来，失业保险持续发挥稳岗位、保生活、防失业、促就业功能，支持企业稳定岗位，兜住、兜准、兜牢民生底线。

2. 扶持被征地农民。

《中华人民共和国社会保险法》（以下简称《社会保险法》）第九十六条规定，征收农村集体所有的土地，应当足额安排被征地农民的社会保险费，按照国务院规定将被征地农民纳入相应的社会保险制度。《中华人民共和国土地管理法》第四十八条规定，县级以上地方人民政府应当将被征地农民纳入相应的养老等社会保障体系。被征地农民的社会保障费用主要用于符合条件的被征地农民的养老保险等社会保险缴费补贴。被征地农民社会保障费用的筹集、管理和使用办法，由省、自治区、直辖市制定。2006 年 8 月，国务院印发《关于加强土地调控有关问题的通知》（国发〔2006〕31 号），明确被征地农民的社会保障费用，按有关规定纳入征地补偿安置费用，不足部分由当地政府从国有土地有偿使用收入中解决。社会保障费用不落实的不得批准征地。2006 年 12 月，国务院办公厅印发《关于规范国有土地使用权出让收支管理的通知》（国办发〔2006〕100 号），明确被征地农民参加有关社会保障所需的个人缴费，可以从其所得的土地补偿费、安置补助费中直接缴纳。地方人民政府可以从土地出让收入中安排一部分资金用于补助被征地农民社会保障支出，逐步建立被征地农民生活保障的长效机制。

（四）中央财政企业职工基本养老保险补助

中央财政企业职工基本养老保险补助资金，是中央财政预算安排、用于支持各地确保企业离退休人员基本养老金按时足额发放的补助资金。2015 年 9 月，财政部、人力资源社会保障部印发《中央财政企业职工基本养老保险补助资金管理办法》(财社〔2015〕222 号),明确补助资金通过一般性转移支付下达至各省级财政部门,采用因素法分配补助资金。各省级财政、人力资源社会保障部门根据财政经济状况,并按照与工作实绩挂钩因素,共同研究确定补助资金分配方案。

(五)建立战略储备性的社会保障基金

为了筹集和积累社会保障基金,合理分摊社会保障转型成本,更好地应对人口老龄化,2000 年 8 月,我国设立全国社会保障基金,并成立全国社会保障基金理事会。全国社会保障基金由中央财政预算拨款、国有资本划转、基金投资收益和以国务院批准的其他方式筹集的资金构成。全国社会保障基金是国家社会保障储备基金,用于人口老龄化高峰时期的养老保险等社会保障支出的补充、调剂。

(六)划转部分国有资本充实社保基金

划转部分国有资本充实社保基金,是基本养老保险制度改革和国有企业改革的重要组成部分,是保障和改善民生的重要举措。随着经济社会发展和人口老龄化加剧,基本养老保险基金支付压力不断加大,为充分体现代际公平和国有企业发展成果全民共享,2017 年 11 月,国务院印发《关于印发划转部分国有资本充实社保基金实施方案的通知》(国发〔2017〕49 号),明确了划转的基本原则、范围、对象、比例和承接主体、程序等内容。

第二节　社会保险费

一、社会保险费的定义

社会保险费,是指在社会保险基金筹集过程中,参保单位、参保人员按规定缴纳的社会保险资金,或其他资金(含财政资金)代参保个人缴纳的费用。

社会保险费是一部分工资的延期使用,属于劳动报酬的范围,和工资薪金一样可在税前列支。企业依法缴纳的社会保险费,是企业正常成本,不能简单地将其视为"负担"。

二、社会保险基金的定义与筹资模式

(一)定义

社会保险基金,是指为了保障参保对象的权益和社会保险待遇,根据国家

法律法规规定，由单位和个人缴纳、政府补助以及通过其他合法方式筹集的专项资金。社会保险基金包括基本养老保险基金、基本医疗保险基金、工伤保险基金、失业保险基金。

社会保险基金收入包括：社会保险费收入、财政补贴收入、集体补助收入、利息收入、委托投资收益、转移收入、上级补助收入、下级上解收入、其他收入等。其中，社会保险费收入构成了社会保险基金的最主要来源。2023年，全国各项社会保险基金收入为11.32万亿元。①

（二）筹资模式

党的二十大报告指出，健全基本养老、基本医疗保险筹资和待遇调整机制。从各国实践来看，社会保险基金筹资模式主要有现收现付制、完全积累制和部分积累制三种。我国社会保险基金筹集方式实施部分积累制，即现收现付制和完全积累制的结合。

1. 现收现付制（Pay-As-You-Go）。

现收现付制按照一个较短的时期（通常为一年）内收支平衡的原则确定费率，筹集社会保险基金。在这种模式下，国家按“社会统筹”的方式筹集社会保险基金，按“社会互济”原则进行再分配，基金来源为税收或雇主雇员缴费及国家财政补贴，一般实行政府集中管理，政府是社会保险基金的管理者。目前，大多数国家采取这种基金模式。

2. 完全积累制（Fully Funded）。

完全积累制，又称基金积累制，是指在任何时点上累积的社会保险费总和连同其投资收益，能够以现值清偿未来的社会保险金给付需要。该模式根据长期收支平衡的原则来筹集社会保险基金，本质上是“同代自养”。其可以采取确定缴费方式，也可以采取确定给付方式。采取确定缴费方式时，雇主和雇员以工资的一定比例或固定数额的定期缴费，计入个人账户。采用确定给付方式时，根据预先承诺水平，由精算原理确定缴费的多少。基金管理可以采取政府集中管理方式，也可以采取私营竞争管理方式。

3. 部分积累制（Partially Funded）。

部分积累制，又称部分基金制，是现收现付制与完全积累制的结合，兼具前两种模式的特点。这种模式根据两个方面收支平衡的原则确定社会保险费

---

① 数据来自《2023年度人力资源和社会保障事业发展统计公报》和《2023年全国医疗保障事业发展统计公报》。

率，当期筹集的社会保险基金一部分用于支付当期的社会保险金，另一部分留给以后若干期的社会保险金支出，在满足一定时期（通常为5—10年）支出的前提下，留有一定的积累金。就养老保险而言，这种模式力求在资金的横向平衡和纵向平衡间寻求结合点。

三、我国社会保险费的主要项目和分类

（一）主要项目

我国社会保险费主要项目包括：基本养老保险费、基本医疗保险费、工伤保险费、失业保险费和生育保险费。为解决新就业形态人员社会保障问题，我国在部分地区试点实施了职业伤害保障制度。为解决长期失能人员基本生活照料和医疗护理问题，参照德国、日本做法，我国在部分城市试点实施长期护理保险制度。此外，我国还建立了企业年金、职业年金、个人养老金、职工大额医疗费用补助、公务员医疗补助、城乡居民大病保险等补充保险，满足人民群众多样化的养老、医疗保障需求。

（二）分类

根据不同的分类标准，我国社会保险费可以分为不同的类型。

1. 按险种划分。

按险种划分，我国社会保险费可分为基本养老保险费、基本医疗保险费、失业保险费、工伤保险费和生育保险费。其中，基本养老保险费可细分为企业职工基本养老保险费、机关事业单位工作人员基本养老保险费和城乡居民基本养老保险费，基本医疗保险费可细分为职工基本医疗保险费和城乡居民基本医疗保险费。

2. 按覆盖的群体划分。

按覆盖的群体划分，我国社会保险费可分为用人单位及职工缴纳的社会保险费、灵活就业人员缴纳的社会保险费、城乡居民缴纳的社会保险费。

四、社会保险费与税收的异同点

（一）相同点

1. 法治性。

社会保险费和税收都是以国家法律形式规定的，社会保险险种和税种的设立、缴费人和纳税人、缴费基数和计税依据等都是通过国家立法确认的。在国

家法律法规规定的范围内，凡负有缴费或者纳税义务的单位和个人都应当依法缴纳社会保险费或者税款。

2. 固定性。

社会保险费和税收都有相对固定的征收标准，并通过法律、法规、规范性文件等形式予以明确，非经法定程序不得增加费（税）种，也不得任意减免、缓缴社会保险费或税款。

3. 关联性。

社会保险费缴费工资基数与计征个人所得税的工资薪金，以及企业所得税扣除项目中的工资薪金总额，均与职工工资相关。

（二）不同点

1. 制度的主要作用。

社会保险的主要作用是防范化解风险，促进社会公平，加强共济互助，保障公民在年老、疾病、工伤、失业、生育等情况下依法从国家和社会获得物质帮助，从而达到稳定社会、减少经济震动、促进经济发展的效果。而税收除具有调节收入分配作用外，其最基本的职能是组织财政收入，同时是调控经济运行的重要手段，并具有监督经济活动的作用。

2. 资金的管理使用。

社会保险费是社会保险基金的重要组成部分，社会保险基金预算是单独编制的专项预算，要求收支平衡、专款专用。基金出现盈余时不得挪作他用，出现缺口时由财政资金予以补贴。税收是国家公共财政最主要的收入形式和来源，适用一般公共预算管理要求，安排用于保障和改善民生、推动经济社会发展、维护国家安全、维持国家机构正常运转等方面的收支预算。

3. 制度的统一性。

我国的社会保险制度体系是在经历了改革探索的曲折历程后逐步完善起来的，由于地区间统筹层次不同，转制成本、经济发展水平和社会赡养率存在差异，各地就业人数、常住人口、经济发展程度不同，部分社会保险费的缴费基数、费率等征收标准具有较大的区域性差异。税收是由国家层面制定的，是中央事权，除部分地方税种外，课税对象、征收标准高度统一。

4. 权利义务对等性。

社会保险具有权利义务对等性的特点，参加社会保险和缴纳社会保险费既是个人的权利也是法定的义务。享受社会保险待遇的前提是履行参加社会保险和缴纳社会保险费的义务，且享受社会保险待遇的高低通常与缴费年限、缴费金额相关。税收与单个纳税人之间不存在一一对等的报偿性，从国家与纳税人之间的整体利益关系考察，具有整体报偿性。①

第三节　社会保险费费制要素

费制要素，是指构成社会保险险种的基本要素，也是进行费制理论分析和费制设计的基本工具。其中，覆盖范围、缴费人、缴费基数（缴费标准）、费率、应缴费额是社会保险费费制要素的基本构成。

一、覆盖范围

党的二十大报告指出，我国“建成世界上规模最大的社会保障体系、医疗卫生体系，基本养老保险覆盖十亿四千万人，基本医疗保险参保率稳定在百分之九十五”，要“健全覆盖全民、统筹城乡、公平统一、安全规范、可持续的多层次社会保障体系”“扩大社会保险覆盖面”。

社会保险的覆盖范围，体现社会保险制度的广度，是指根据国家法律、法规和有关政策规定应当参加社会保险或者可以参加社会保险的对象，包括参保单位和参保个人。根据《社会保险法》《社会保险费征缴暂行条例》等法律法规规定，应参加社会保险的群体强制参加社会保险，可以参加社会保险的群体，自愿参加社会保险。

二、缴费人

（一）定义

缴费人，是指按照国家法律、法规和有关政策规定负有缴纳社会保险费义务的单位和个人。社会保险费缴费义务一般不得转嫁，类似于企业所得税、个人所得税这样的直接税。

（二）分类

根据不同的分类标准，我国社会保险费缴费人可分为不同的类型。

---

① 《税收学》编写组．税收学［M］．北京：高等教育出版社、中国税务出版社，2021：12.

1. 按险种划分。

按险种划分，我国社会保险费缴费人可分为企业职工基本养老保险缴费人、机关事业单位工作人员基本养老保险缴费人、城乡居民基本养老保险缴费人、职工基本医疗保险缴费人、城乡居民基本医疗保险缴费人、失业保险缴费人、工伤保险缴费人、生育保险缴费人等。

2. 按缴费群体划分。

按缴费群体划分，我国社会保险费缴费人可分为单位缴费人、个人缴费人。其中：企业职工基本养老保险、机关事业单位工作人员基本养老保险、职工基本医疗保险和失业保险，单位、职工共同缴费，均为缴费人；工伤保险、生育保险，单位为缴费人，个人不缴费；以个人身份参加基本养老保险、基本医疗保险的，个人为缴费人。

三、缴费基数

缴费基数是计算应缴费额的依据，体现征费的广度。我国社会保险费的计算规则以工资作为计费依据，主要体现在职工应纳社会保险费的计算，分为个人缴费基数和单位缴费基数。一般地，职工个人缴费基数为本人工资，而用人单位缴费基数的确定有两种口径：本单位职工工资总额、职工个人缴费基数之和。试点实施的职业伤害保障费缴费基准额根据不同行业的职业伤害风险程度确定。

延伸阅读

关于工资总额组成的规定

作为计费依据的工资，我国长期以来一直沿用 1990 年国家统计局印发的《关于工资总额组成的规定》（国家统计局令第 1 号），计入工资总额的项目包括六个部分：计时工资、计件工资、奖金、津贴和补贴、加班加点工资、特殊情况下支付的工资。实践中，工资总额是指税前工资，不剔除单位从个人工资中代扣或代缴的个人所得税、社会保险费、住房公积金、企业年金等个人应缴纳部分。

城镇职工基本养老保险个人缴费基数一般实行“保底限高”，本人月平均工资低于本省全口径社会平均工资 60%的，按本省全口径社会平均工资的 60%缴费；超过本省全口径社会平均工资 300%的，按本省全口径社会平均工资的

300%缴费，超过部分不计入缴费工资基数，也不计入计发养老金的基数。这主要是从参保者退休后的待遇考虑。职工工资由市场调节，个体间可能存在较大差异，但社会保险本身有调节收入差距、促进公平的功能，社会保险待遇不宜差别过大，主要目的是保障基本民生需求。

四、费率

（一）定义

社会保险费率，是指按规定应缴纳的社会保险费占缴费基数的比例，体现征费的深度。通常情况下，费率的高低与该项社会保险基金的筹资原则、基金结余、社会保险制度的目的相关，同时与当地的财政、单位和个人的承担能力等相关。

（二）分类

我国现行社会保险费率分为固定比例费率、浮动比例费率。大部分险种采用固定比例费率，比如城镇职工基本养老保险、职工基本医疗保险、失业保险、生育保险等。工伤保险实行行业差别费率和浮动费率。

五、应缴费额

社会保险费应缴费额，是指缴费单位、缴费个人按规定应承担的费用支出。不同险种的应缴费额计算有一定差别，主要分为以下三类。

1. 职工社会保险费应缴费额等于缴费基数乘以费率。例如，企业职工基本养老保险费应缴费额等于缴费基数乘以单位费率与个人费率之和。

2. 城乡居民基本养老保险费和城乡居民基本医疗保险费均为定额缴费。其中：城乡居民基本养老保险费的应缴费额为各地公布的缴费档次；城乡居民可自主选择缴费档次；城乡居民基本医疗保险费的应缴费额为各地每年公布的个人缴费标准。

3. 职业伤害保障费的应缴费额为平台企业统筹地区上月总单量与省级社会保险经办机构确定的每单缴费标准之积。

六、权益记录

社会保险个人权益记录，是指以纸质材料和电子数据等载体记录的反映参保人员及其用人单位履行社会保险义务、享受社会保险权益状况的信息，包括：参保人员及其用人单位社会保险登记信息，参保人员及其用人单位缴纳社会保险费、获得相关补贴的信息，参保人员享受社会保险待遇资格及领取待遇的信息，参保人员缴费年限和个人账户信息，其他反映社会保险个人权益的信息。

七、统筹层次

社会保险的统筹层次，是指社会保险基金在一定的行政区域内实行统一筹集、管理和使用的形式。统筹层次关系到在多大范围内调剂使用社会保险基金，统筹层次越高，基金的规模和调剂使用的范围就越大。

第四节　新时代我国社会保险制度发展前瞻

随着我国社会主要矛盾发生变化和城镇化、人口老龄化、就业方式多样化加快发展，我国社会保障体系仍存在不足，主要是：部分农民工、灵活就业人员、新业态就业人员等人群没有纳入社会保障，存在“漏保”“脱保”“断保”的情况；社会保障统筹层次有待提高，平衡地区收支矛盾压力较大；一些地方社保基金存在“穿底”风险。[①] 对这些不足，我们必须高度重视并切实加以解决。

一、健全农民工、灵活就业人员、新业态就业人员参加社会保险制度

围绕全覆盖、保基本、多层次、可持续等目标加强社会保险体系建设；适应就业方式多样化加快发展，实施职业伤害保障试点，解决新就业形态人员职业伤害保障问题；适应人口大规模流动、就业快速变动的趋势，完善社会保险关系登记和转移接续的措施，实现应保尽保、应享尽享。

二、发展多层次、多支柱养老保险体系

加快发展企业年金，加大政策支持力度，扩大年金制度覆盖范围；规范发展第三支柱养老保险，总结试点经验，全面推行个人养老金制度，通过税收优

① 习近平．促进我国社会保障事业高质量发展、可持续发展［J］．求是，2022（8）．

惠政策引导公众调整储蓄结构，将更多资金投入自身养老储备，形成全社会共同应对人口老龄化挑战的格局。

三、健全基本养老、基本医疗保险筹资机制

研判未来我国人口老龄化、人均预期寿命提升、受教育年限增加、劳动力结构变化等发展趋势，分析社会保险制度可能面临的新情况新问题，合理调整筹资机制，科学设置费率、缴费基数，实现社会保险资金筹集和经济发展“双赢”目标。

四、推动基本医疗保险省级统筹，巩固完善失业保险、工伤保险省级统筹

我国各区域经济发展还不均衡，可以允许一定时期内存在区域间社会保障水平上的差异，但不能动摇统一制度的目标。要坚持制度的统一性和规范性，逐步提高统筹层次，实现费率、缴费基数等筹资标准统一，增强制度的刚性约束，加强对制度运行的管理监督。

本章思考题

1. 社会保险费与税收的相同点和不同点是什么？
2. 我国社会保险基金的筹资模式主要有哪些？
3. 社会保险费费制要素主要包括哪些？

第二章　养老保险费

【学习目标】本章主要介绍我国养老保险费相关政策，具体包括企业职工基本养老保险费、机关事业单位工作人员基本养老保险费、城乡居民基本养老保险费、补充养老保险等。通过本章学习，了解养老保险的定义、发展沿革等，掌握我国养老保险费的覆盖范围、缴费人、缴费基数、费率、应缴费额、权益记录、统筹层次等费制要素。

第一节　养老保险费概述

养老保险覆盖人数多、资金量大、周期长，是社会保险体系的重要组成部分，对于保障退休人员和老年人的基本生活有着十分重要的作用。我国已基本形成以基本养老保险为主体，以补充养老保险和个人储蓄性养老保险为补充的多层次、多支柱养老保险体系。

一、养老保险与养老保险费的定义

养老保险，是指缴费达到法定期限并且个人达到法定退休年龄后，国家和社会提供物质帮助以保证因年老而退出劳动领域者稳定、可靠的生活来源的社会保险。

养老保险费，是指在养老保险基金筹集过程中，参保单位、参保人员按规定缴纳的养老保险资金，或其他资金（含财政资金）代参保个人缴纳的费用。养老保险费是养老保险基金的最主要来源。

二、养老保险的分类

（一）按待遇给付方式划分

按照养老金给付的确定方式，养老保险可分为待遇确定型养老保险、缴费确定型养老保险和混合型养老保险。

1. 待遇确定型养老保险。

待遇确定型养老保险，先设定养老金为保障一定的生活水平需要达到的替代率[①]，根据雇员参加养老保险的时间长短和本人工资收入水平确定其退休后的养老金收益水平，再依据精算原理来确定养老保险费率。待遇确定型养老保险具有以支定收、初始无基金，养老金待遇与工资收入相关联，政府承担风险，精算定成本，待遇调整灵活的特点。

2. 缴费确定型养老保险。

缴费确定型养老保险，结合未来的养老负担、基金的保值增值、通货膨胀率、企业的合理负担、现行劳动力市场和工资水平等因素，经过预测，确定一个相当长时期内比较稳定的缴费比例或标准，再根据这个缴费标准来筹集养老保险基金（包括雇主和雇员的缴费），并完全或部分存入劳动者的个人账户，基金逐渐积累并获得投资收益。当雇员退休时，以其个人账户中的储存金额（包括缴费及其投资）作为养老金或养老金的一部分。缴费确定型养老保险具有以下特点：机理简单、透明度高、易被接受；给付与缴费和投资收益相关联，激励机制强；在生命周期内进行收入再分配；劳动者自担风险。

3. 混合型养老保险。

20 世纪 80 年代以来，出现了将待遇确定型养老保险和缴费确定型养老保险相结合的趋势。混合的方法有两种。一种是实行部分积累制。基金来源一部分采用现收现付，一部分采用完全积累。《国务院关于印发完善城镇社会保障体系试点方案的通知》（国发〔2000〕42 号）中提到的企业职工基本养老保险采用社会统筹与个人账户相结合就是部分积累制性质的。其中，社会统筹部分是建立在代际转移基础上的待遇确定型养老保险，个人账户则是一种缴费确定型养老保险。另一种是实行名义账户制。在这种模式下，采用待遇确定型的筹资方式，用当前就业者的缴费来支付当前退休一代的养老金，这样就避免了现收现付制向积累制转型的成本，但在待遇给付方面则是缴费确定型，严格按缴费的数量给予退休待遇，将缴费与未来待遇紧密联系起来。

---

① 养老金替代率，是指劳动者退休时的养老金领取水平与退休前工资收入水平之间的比率，是衡量劳动者退休前后生活保障水平差异的基本指标之一。替代率过高，不仅会给养老保险基金带来财政压力，而且可能导致福利依赖，不利于调动在职职工的工作积极性，还会诱使职工提前退休；替代率过低，则无法保障退休人员的基本生活水平。

（二）按照保障的层次划分

按照保障的层次划分，养老保险可分为基本养老保险、补充养老保险和个人储蓄性养老保险。国际上称之为养老保险的第一支柱、第二支柱和第三支柱。

1. 基本养老保险。

基本养老保险也称法定养老保险，是一项由国家立法实施，通过参保人、用人单位和政府多渠道筹集资金形成基金，对参保并缴纳费用、达到待遇领取条件者依法提供物质帮助，使其因年老而退出劳动后，享有基本生活保障的社会保险制度。一般情况下，全体劳动者必须参加。我国的基本养老保险根据保障人群的不同，划分为企业职工基本养老保险、机关事业单位工作人员基本养老保险和城乡居民基本养老保险三个险种。

2. 补充养老保险。

补充养老保险，是一项由单位单独缴费或单位与职工双方缴费、与职业相关的养老金（退休金）制度。补充养老保险通常是非强制性的，各国政府通过各种优惠政策加以鼓励发展。我国补充养老保险根据举办主体不同分为企业补充养老保险（企业年金）、机关事业单位工作人员补充养老保险（职业年金）。

3. 个人储蓄性养老保险。

早在 1991 年，《国务院关于企业职工养老保险制度改革的决定》（国发〔1991〕33 号）就提出“个人储蓄性养老保险”的概念，作为基本养老保险和企业补充养老保险之后的第三支柱，个人储蓄性养老保险是一种个人自愿建立和管理的养老储蓄计划。2018 年 4 月，财政部、国家税务总局、人力资源社会保障部、银保监会、证监会五部门印发《关于开展个人税收递延型商业养老保险试点的通知》（财税〔2018〕22 号），选择上海市、福建省（含厦门市）和苏州工业园区实施个人税收递延型商业养老保险试点，养老保险第三支柱建设开启了“破冰之旅”。2022 年 4 月，国务院办公厅印发《关于推动个人养老金发展的意见》（国办发〔2022〕7 号），明确了个人养老金制度的参加范围、制度模式、缴费水平、税收政策、投资、领取等，在部分先行城市试点实施，这是贯彻落实党中央、国务院构建多层次、多支柱养老保险体系和规范发展第三支柱养老保险要求的具体举措，对于满足人民群众多样化养老保障需要具有重要意义。

三、养老保险的主要特点

养老保险作为社会保险制度的主要项目之一，除了具有社会保险的权利义务相对应、强制性、福利性和互济性等共同特征，还具有以下主要特点。

（一）参加保险与享受待遇的一致性

相对于失业、疾病、伤残等不确定性事件而言，年老是一个十分确定的、可以清晰预见的、人人都会遇到的事件。其他社会保险项目的参加者不一定都能享受相应的待遇，而养老保险待遇的享受人群是最确定、最普遍、最完整的。参加养老保险的特定人群一旦达到待遇享受的条件，都可享受到养老保险待遇。

（二）保障水平的适度性

养老保险的基本功能是保障劳动者在年老时的基本生活，这就决定其保障水平要适度，既尽力而为，又量力而行。保障水平过高容易引发道德风险，如出现“养懒汉”、违规提前退休等现象，还容易掉进“福利陷阱”。一般来说，养老保险的整体水平要高于贫困救济线和失业保险金的水平，低于社会平均工资或个人在职时的收入水平。养老保险的筹资水平取决于统筹范围内的供养结构（养老保险抚养比①）和养老金替代率的预设目标。

（三）享受待遇的长期性

参加养老保险的人员一旦达到享受待遇的条件或取得享受待遇的资格，就可以长期享受待遇直至死亡。其待遇水平基本稳定，通常会逐步提高，而不会下降。

（四）保障方式的多层次性

广义的养老保险，不仅包括国家法定的基本养老保险，还包括用人单位建立的补充养老保险（企业年金或职业年金）、个人自愿参加的储蓄性养老保险等。建立完善多层次的养老保障体系，已经成为国际趋势。

（五）与家庭养老的相关性

养老保险的产生和发展，逐步取代了传统家庭养老的部分甚至大部分功

---

① 养老保险抚养比，是指参保者中就业（缴费）者与退休人员（待遇领取者）之间的比值，是反映养老保险制度供需关系的主要指标。养老保险抚养比通常表现为“就业参保者：退休者=X：Y”。养老保险抚养比越低，表明劳动力人均承担的抚养人数就越多，即意味着劳动力的抚养负担就越严重。人口老龄化是导致养老保险抚养比降低的主要因素。

能。养老保险保障程度较低时，家庭养老的作用更大一些；养老保险保障程度较高时，家庭养老的作用就相应减弱。但养老保险并不能完全替代家庭养老。几乎所有国家的宪法或法律都规定了公民有赡养老人的义务。因此，养老保险与家庭养老是相互联系、相互补充的。

第二节　企业职工基本养老保险费

我国企业职工的养老保险制度是20世纪50年代初期建立的，在1958年和1978年两次作了修改。1997年全国统一企业职工基本养老保险制度，实行社会统筹和个人账户相结合的制度模式。经过20多年的运行，具有中国特色的企业职工基本养老保险框架基本建成，为我国经济体制改革和社会转型创造了稳定的社会环境，促进了劳动力市场一体化，为国民经济持续稳定增长创造了空间。

一、企业职工基本养老保险和企业职工基本养老保险费的定义

企业职工基本养老保险，是指企业职工缴费达到法定期限并且个人达到法定退休年龄后，国家和社会提供物质帮助以保证其因年老而退出劳动领域后有稳定、可靠生活来源的社会保险。

企业职工基本养老保险费，是指在企业职工基本养老保险基金筹集过程中，参保单位、参保人员按规定缴纳的养老保险资金，或其他资金（含财政资金）代参保个人缴纳的费用。企业职工基本养老保险费是企业职工基本养老保险基金的最重要组成部分。

二、企业职工基本养老保险的发展沿革

（一）劳动保险时期（1951—1985年）

1951年2月，政务院公布《劳动保险条例》，其中包含了养老待遇，当时称为“退职养老补助费”，这是中国建立职工养老保险制度的起点。适用范围包括雇用工人与职员人数在100人以上的国营、公私合营、私营及合作社经营的工厂、矿场及其附属单位与业务管理机关，铁路、航运、邮电的各企业单位及附属单位等。劳动保险的各项费用，全部由实行劳动保险的各企业行政方面

或资方负担。各企业行政方面或资方按月缴纳相当于各该企业全部工人与职员工资总额的3%，作为劳动保险金。劳动保险金，不得在工人与职员工资内扣除，并不得向工人与职员另行征收。各企业行政方面或资方逾期未缴或欠缴劳动保险金时，须每日增缴滞纳金，其数额为未缴部分的1%。1953年1月，政务院对《劳动保险条例》进行修正，将实施范围扩大到工厂、矿场及交通事业的基本建设单位、国营建筑公司。

1957年11月，全国人民代表大会常务委员会第八十五次会议原则批准《国务院关于工人、职员退休处理的暂行规定》，1958年2月国务院公布施行。实施的范围为国营、公私合营的企业、事业单位和国家机关、人民团体的工人、职员，明确了退休的年龄、工龄等条件。工人、职员退休以后，按月发给退休费，直至本人去世为止。规定发给的各项费用，在实行劳动保险的企业单位，退休费、丧葬补助费和亲属抚恤费，在劳动保险基金中支付，如果本单位的劳动保险基金不敷开支，可以在本省、自治区、直辖市或者本产业系统内进行调剂，仍然不足的，差额部分由本单位行政支付。在没有实行劳动保险的企业单位，上述各项费用，全部由企业行政支付；在事业单位、国家机关和人民团体，全部由退休人员居住地方的县级民政部门另列预算支付。

1978年6月，国务院印发《关于工人退休、退职的暂行办法》（国发〔1978〕104号），实施范围为全民所有制企业、事业单位和党政机关、群众团体的工人。其中明确了工人退休的条件：男年满60周岁，女年满50周岁，连续工龄满10年的；从事井下、高空、高温、特别繁重体力劳动或者其他有害身体健康的工作，男年满55周岁、女年满45周岁，连续工龄满10年的；男年满50周岁，女年满45周岁，连续工龄满10年，由医院证明，并经劳动鉴定委员会确认，完全丧失劳动能力的。与1958年2月国务院公布的《关于工人、职员退休处理的暂行规定》相比，连续工龄年数作了调整。

（二）企业职工基本养老保险改革、建立时期（1986—2004年）

1986年7月，国务院印发《关于发布改革劳动制度四个规定的通知》（国发〔1986〕77号），其中《国营企业实行劳动合同制暂行规定》明确，国家对劳动合同制工人退休养老实行社会保险制度。退休养老基金的来源，由企业和劳动合同制工人缴纳。退休养老金不敷使用时，国家给予适当补助。企业缴纳的退休养老基金，在缴纳所得税前列支，缴纳的数额为劳动合同制工人工资总额的15%左右。劳动合同制工人缴纳的退休养老基金数额为不超过本人标准工资的3%。

1991年6月，国务院印发《关于企业职工养老保险制度改革的决定》（国发〔1991〕33号），明确改变养老保险完全由国家、企业包下来的办法，实行国家、企业、个人三方共同负担，职工个人也要缴纳一定的费用。基本养老保险基金由政府根据支付费用的实际需要和企业、职工的承受能力，按照以支定收、略有结余、留有部分积累的原则统一筹集。企业缴纳的基本养老保险费，按本企业职工工资总额和当地政府规定的比例在税前提取，由企业开户银行按月代为扣缴。企业逾期不缴，要按规定加收滞纳金。滞纳金并入基本养老保险基金。职工个人缴纳基本养老保险费，在调整工资的基础上逐步实行，缴费标准开始时可不超过本人标准工资的3%，以后随着经济的发展和职工工资的调整再逐步提高。职工个人缴纳的基本养老保险费，由企业在发放工资时代为收缴。尚未实行基本养老保险基金省级统筹的地区，要积极创造条件，由当时的市、县统筹逐步过渡到省级统筹。实行省级统筹后，原有固定职工和劳动合同制职工的养老保险基金要逐步按统一比例提取，合并调剂使用。中央部属企业，除国家另有规定外，都要参加所在地区的统筹。

1995年3月，国务院印发《关于深化企业职工养老保险制度改革的通知》（国发〔1995〕6号），明确基本养老保险费用由企业和个人共同负担。在理顺分配关系，加快个人收入工资化、工资货币化进程的基础上，逐步提高个人缴费比例。提高个人缴费比例的幅度，由各省、自治区、直辖市人民政府根据本地区职工工资增长等情况确定。同时，以附件形式印发了企业职工基本养老保险社会统筹与个人账户相结合的两个实施办法，明确了单位缴费基数和职工个人缴费基数政策口径。实施办法之一：单位缴费基数为职工工资总额，个人缴费基数为本人工资；实施办法之二：单位缴费基数为职工个人缴费基数之和，个人缴费基数为本人工资。前者通常被称为“双基数”，后者通常被称为“单基数”。

1997年7月，国务院印发《关于建立统一的企业职工基本养老保险制度的决定》（国发〔1997〕26号），要求到20世纪末，建立起适用城镇各类企业职工和个体劳动者的养老保险体系。在缴费比例方面，企业缴费比例一般不得超过企业工资总额的20%（包括划入个人账户的部分），具体比例由省、自治区、直辖市人民政府确定。少数省、自治区、直辖市因离退休人数较多、养老保险负担过重，确需超过企业工资总额20%的，应报劳动部、财政部审批。个人缴费比例，1997年不得低于本人缴费工资的4%，1998年起每两年提高1个百分点，最终达到本人缴费工资的8%。有条件的地区和工资增长较快的年份，个人缴费比例提高的速度应适当加快。

（三）企业职工基本养老保险完善时期（2005—2017年）

2005年12月，国务院印发《关于完善企业职工基本养老保险制度的决定》（国发〔2005〕38号）。要求扩大基本养老保险覆盖范围，城镇各类企业职工、个体工商户和灵活就业人员都要参加企业职工基本养老保险。以非公有制企业、城镇个体工商户和灵活就业人员参保工作为重点，扩大基本养老保险覆盖范围。要进一步落实国家有关社会保险补贴政策，帮助就业困难人员参保缴费。城镇个体工商户和灵活就业人员参加基本养老保险的缴费基数为当地上年度在岗职工平均工资，缴费比例为20%，其中8%计入个人账户。

2010年10月，第十一届全国人民代表大会常务委员会通过《社会保险法》，其中，第十条规定，职工应当参加基本养老保险，由用人单位和职工共同缴纳基本养老保险费。无雇工的个体工商户、未在用人单位参加基本养老保险的非全日制从业人员以及其他灵活就业人员可以参加基本养老保险，由个人缴纳基本养老保险费。第十一条规定，基本养老保险实行社会统筹与个人账户相结合，基本养老保险基金由用人单位和个人缴费以及政府补贴等组成。第十二条规定，用人单位应当按照国家规定的本单位职工工资总额的比例缴纳基本养老保险费，计入基本养老保险统筹基金。职工应当按照国家规定的本人工资的比例缴纳基本养老保险费，计入个人账户。无雇工的个体工商户、未在用人单位参加基本养老保险的非全日制从业人员以及其他灵活就业人员参加基本养老保险的，应当按照国家规定缴纳基本养老保险费，分别计入基本养老保险统筹基金和个人账户。

2017年9月，人力资源社会保障部、财政部印发《关于进一步完善企业职工基本养老保险省级统筹制度的通知》（人社部发〔2017〕72号），明确各地要在基本养老保险制度、缴费政策、待遇政策、基金使用、基金预算和经办管理实现“六统一”的基础上，积极创造条件实现全省基本养老保险基金统收统支。各地要严格按照国家统一规定执行基本养老保险费率政策，不得自行调整费率。需要调整时，须按规定报请人力资源社会保障部和财政部批复。违规自行出台费率调整政策的，要立即纠正。全省应执行统一的费率政策，企业职工基本养老保险费率尚未统一的省份，要制定过渡措施，最迟2020年实现全省费率统一。各地要按照国家规定，统一基本养老保险单位缴费基数和个人缴费基数核定办法，并健全工作机制，夯实缴费基数。在确定个人缴费上下限基数等参数时，尚未使用全省在岗职工平均工资的，要制定过渡措施，尽快实现统一。

（四）企业职工基本养老保险全国统筹改革时期（2018年至今）

2018年6月，国务院印发《关于建立企业职工基本养老保险基金中央调剂制度的通知》（国发〔2018〕18号），决定建立养老保险基金中央调剂制度，自2018年7月1日起实施。建立养老保险基金中央调剂制度，是作为实现养老保险全国统筹的第一步，是为了均衡地区间企业职工养老保险基金负担、实现基本养老保险制度可持续发展。2018年、2019年、2020年、2021年基金调剂比例分别为3%、3.5%、4%、4.5%。

2019年4月，国务院办公厅印发《降低社会保险费率综合方案》（国办发〔2019〕13号），明确自2019年5月1日起，降低城镇职工基本养老保险单位缴费比例。各省、自治区、直辖市及新疆生产建设兵团（统称为省）城镇职工基本养老保险单位缴费比例高于16%的，可降至16%；低于16%的，要研究提出过渡办法。各省应以本省城镇非私营单位就业人员平均工资和城镇私营单位就业人员平均工资加权计算的全口径城镇单位就业人员平均工资，核定社保个人缴费基数上下限，合理降低部分参保人员和企业的社保缴费基数。个体工商户和灵活就业人员参加企业职工基本养老保险，可以在本省全口径城镇单位就业人员平均工资的60%—300%选择适当的缴费基数。各省要结合降低城镇职工基本养老保险单位缴费比例、调整社保缴费基数政策等措施，加快推进企业职工基本养老保险省级统筹，逐步统一城镇职工基本养老保险参保缴费、单位及个人缴费基数核定办法等政策，2020年底前实现企业职工基本养老保险基金省级统收统支。

按照党中央、国务院决策部署，从2022年1月开始实施企业职工基本养老保险全国统筹制度。全国统筹以后，加强了对养老保险政策、基金管理、经办服务、信息系统等方面的统一管理，有利于进一步提升整体保障能力，增强养老保险制度的统一性和规范性，更好地确保养老金按时足额发放，为参保企业和参保人员提供更加方便、快捷的服务。

三、企业职工基本养老保险费的费制要素

（一）覆盖范围

我国企业职工基本养老保险的人员覆盖范围是逐步扩大的，最初只限于国有企业职工，后来扩大到各类企业职工，再扩大到个体工商户和灵活就业人员。目前，除机关事业单位编制内人员外，城镇各类从业人员都可以参加企业职工基本养老保险。关于企业职工基本养老保险的人员覆盖范围的规定，散见于《社会保险法》、《社会保险费征缴暂行条例》、国务院有关规定及人力资源社会保障部（原劳动部、原劳动和社会保障部）等部门的相关规定中。

1. 应参加人员。

（1）国有企业、城镇集体企业、外商投资企业、城镇私营企业和其他城镇企业职工，实行企业化管理的事业单位职工。①

（2）依法在各级民政部门登记的社会团体（包括社会团体分支机构和代表机构）、基金会（包括基金会分支机构和代表机构）、民办非企业单位、境外非政府组织驻华代表机构及其签订聘用合同或劳动合同的专职工作人员（不包括兼职人员、劳务派遣人员、返聘的离退休人员和纳入行政事业编制的人员）。②

（3）划分为生产经营类，但尚未转企改制到位的事业单位，已参加企业职工基本养老保险的事业单位职工。③

（4）机关事业单位编制外人员。④

（5）在中国境内依法注册或者登记的企业、事业单位、社会团体、民办非企业单位、基金会、律师事务所、会计师事务所等组织依法招用的外国人以及与境外雇主订立雇用合同后，被派遣到在中国境内注册或者登记的分支机构、代表机构工作的外国人。⑤

（6）在内地（大陆）依法注册或者登记的企业、事业单位、社会组织、有

---

① 参见：《社会保险费征缴暂行条例》第三条。

② 参见：《劳动和社会保障部 民政部关于社会组织专职工作人员参加养老保险有关问题的通知》（劳社部发〔2008〕11号）。

③ 参见：《人力资源社会保障部 财政部关于贯彻落实〈国务院关于机关事业单位工作人员养老保险制度改革的决定〉的通知》（人社部发〔2015〕28号）。

④ 同③。

⑤ 参见：《在中国境内就业的外国人参加社会保险暂行办法》（人力资源社会保障部令第16号）。

雇工的个体经济组织等用人单位依法聘用、招用的港澳台居民。[①]

2. 可以参加人员。

（1）无雇工的个体工商户、未在用人单位参加基本养老保险的非全日制从业人员以及其他灵活就业人员。[②]

（2）在内地（大陆）依法从事个体工商经营的港澳台居民，可以按照注册地有关规定参加企业职工基本养老保险；在内地（大陆）灵活就业且办理港澳台居民居住证的港澳台居民，可以按照居住地有关规定参加企业职工基本养老保险。[③]

3. 将来可能参加的人员。

划分为生产经营类，但尚未转企改制到位的事业单位的职工，尚未参加企业职工基本养老保险的，暂参加机关事业单位工作人员基本养老保险，待转企改制到位后，按有关规定纳入企业职工基本养老保险范围。[④]

4. 特殊情况。

具有与中国签订社会保险双边或者多边协议国家国籍的人员在中国境内就业的，其参加社会保险的办法按照协议规定办理。[⑤]

已在中国香港、澳门、台湾参加当地社会保险，并继续保留社会保险关系的港澳台居民，可以持相关授权机构出具的证明，不在内地（大陆）参加基本养老保险。[⑥]

（二）缴费人

缴费人是缴纳企业职工基本养老保险费的单位、个人。《社会保险法》第十条规定，职工应当参加基本养老保险，由用人单位和职工共同缴纳基本养老保险费。无雇工的个体工商户、未在用人单位参加基本养老保险的非全日制从业人员以及其他灵活就业人员可以参加基本养老保险，由个人缴纳基本养老保险费。因此，以职工身份参加企业职工基本养老保险的，用人单位和职工个人都是缴费人；以个人身份参加企业职工基本养老保险的，个人是缴费人。

① 参见：《香港澳门台湾居民在内地（大陆）参加社会保险暂行办法》（人力资源社会保障部令第41号）。

② 参见：《社会保险法》第十条。

③ 同①。

④ 参见：《人力资源社会保障部 财政部关于贯彻落实〈国务院关于机关事业单位工作人员养老保险制度改革的决定〉的通知》（人社部发〔2015〕28号）。

⑤ 参见：《在中国境内就业的外国人参加社会保险暂行办法》（人力资源社会保障部令第16号）。

⑥ 同①。

（三）缴费基数

企业职工基本养老保险缴费基数，又称为企业职工基本养老保险费基，是指据以计算应缴纳企业职工养老保险费额的对象和数量依据，代表征费的广度，是费制要素中的一项重要内容。

1. 职工个人缴费基数。

一般地，职工个人基本养老保险费的缴费基数为本人工资。本人工资高于本省上年全口径社会平均工资300%的，以本省上年全口径社会平均工资300%为本人缴费基数；低于本省上年全口径社会平均工资60%的，以本省上年全口径社会平均工资60%为本人缴费基数。

延伸阅读

个人缴费基数依据的社会平均工资口径变化情况

根据2019年国务院办公厅印发的《降低社会保险费率综合方案》（国办发〔2019〕13号），各省、自治区、直辖市及新疆生产建设兵团（统称为省）应以本省城镇非私营单位就业人员平均工资和城镇私营单位就业人员平均工资加权计算的全口径城镇单位就业人员平均工资，核定社会保险个人缴费基数上下限。其中变化是，核定个人缴费基数依据的就业人员平均工资口径，由制度建立之初的当地职工平均工资，调整为全省城镇非私营单位就业人员平均工资和城镇私营单位就业人员平均工资加权计算的全口径城镇单位就业人员平均工资。以全口径城镇单位就业人员平均工资核定个人缴费基数上下限，统筹考虑了各类用人单位工资水平，结构更加科学合理。

1997年12月，劳动部办公厅印发《职工基本养老保险个人账户管理暂行办法》（劳办发〔1997〕116号），对特殊情况下个人缴费基数的确定方法进行了明确：新招职工（包括研究生、大学生、大中专毕业生等）以起薪当月工资收入作为缴费工资基数；从第二年起，按上一年实发工资的月平均工资作为缴费工资基数。单位派出的长期脱产学习人员、经批准请长假的职工，保留工资关系的，以脱产或请假的上年月平均工资作为缴费工资基数。单位派到境外、国外工作的职工，按本人出境（国）上年在本单位领取的月平均工资作为缴费工资基数；次年的缴费工资基数按上年本单位平均工资增长率进行调整。失业后再就业的职工，以再就业起薪当月的工资收入作为缴费工资基数；从第二年起，按上一年实发工资的月平均工资作为缴费工资基数。

2. 单位缴费基数。

《社会保险法》第十二条规定，用人单位应当按照国家规定的本单位职工工资总额的比例缴纳基本养老保险费。企业职工基本养老保险费单位缴费基数的确定此前有两种口径，一种是本单位职工工资总额，另一种是职工个人缴费基数之和。自2021年起，各省企业职工养老保险单位缴费基数统一为本单位职工个人缴费基数之和。

此外，根据人力资源社会保障部有关规定，社会组织、机关事业单位为其编制外人员缴纳基本养老保险费的缴费基数为全部专职工作人员或编制外人员个人缴费工资基数之和。

【案例】用人单位缴费基数的核定

2023年某省（全口径，下同）社会月平均工资为6633元，单位缴费基数执行个人缴费基数之和口径，个人缴费基数上下限为上年社会月平均工资的60%—300%。2023年某企业有3名职工，1名高管2023年月均工资21000元，另外2名职工月均工资分别是7000元和3800元。根据以上条件，按照以下情形核定该企业2024年单位缴费基数。(计算结果取整数)

情形一：该企业2024年仍是3名职工，且人员没有变化。

情形二：该企业2024年扩大生产规模，3月增加了一名新职工，职工数为4人，这名新职工入职第1个月的工资为8000元。

情形三：该企业2024年缩减生产规模，3月减聘了一名职工，职工数为2人，裁减的职工月均工资为7000元。

情形四：该企业2024年3月发生职工出走事件，高管和月均工资7000元的职工跳槽到另一家企业，同时该企业新聘2人，入职工资分别为22000元和8000元。

分析：

情形一：该企业高管月均工资21000元，超过社会平均工资的300%，按照社会平均工资的300%即19899元核定个人缴费基数；月均工资7000元的员工按照7000元核定个人缴费基数；月均工资3800元的员工，低于社会平均工资的60%，按照社会平均工资的60%即3980元核定个人缴费基数。则该企业2024年的单位缴费基数=19899+7000+3980=30879（元）。

情形二：该企业 2024 年 1 月、2 月的缴费基数是 30879 元，3 月的缴费基数 = 30879+8000 = 38879（元）。

情形三：该企业 2024 年 1 月、2 月的缴费基数是 30879 元，3 月的缴费基数 = 30879−7000 = 23879（元）。

情形四：该企业 2024 年 3 月的缴费基数 = 19899+8000+3980 = 31879（元）。

3. 以个人身份参加企业职工基本养老保险的缴费基数。

无雇工的个体工商户和灵活就业人员参加企业职工基本养老保险，可在本省全口径城镇单位就业人员平均工资的 60%—300%，自愿选择适当的缴费基数。

（四）费率

企业职工基本养老保险费率，是指对企业职工基本养老保险征费对象的征收比例。企业职工基本养老保险费实行比例费率（我国习惯称为缴费比例）。国家对用人单位、职工个人、无雇工的个体工商户和灵活就业人员分别规定了不同的费率。

1. 用人单位费率。

截至 2023 年底，除个别省企业职工养老保险单位费率低于 16%外，其他省统一为 16%。

2. 职工个人费率。

职工个人费率统一为 8%。

3. 无雇工的个体工商户和灵活就业人员费率。

无雇工的个体工商户和其他灵活就业人员等以个人身份参保人员的费率为 20%。

影响我国养老保险费率的因素主要有：一是制度模式。我国自 20 世纪 90 年代实行社会统筹和个人账户相结合的部分积累制度模式，即在确保当期支付的基础上，再为未来积累一部分资金，据此确定的费率自然比只保证当期发放要高一些。二是转轨成本。20 世纪 70 年代之前，我国实行单位保障的养老制度，改革以后，已退休的“老人”和“中人”没有积累或积累较少，其“视同缴费”期间的待遇，需要通过现在的单位和在职职工缴费来弥补，推高了现行的养老保险费率。三是人口结构。为应对老龄化的挑战，持续确保基本养老金的按时足额发放，需要维持一定的养老保险费率。

（五）应缴费额

企业职工基本养老保险费应缴费额，是指参加企业职工基本养老保险的缴费人，按照法律、法规规定的缴费基数乘以费率，计算得出的应当缴纳的基本养老保险费金额。应缴费额计算公式如下：

1. 单位应缴费额。

企业职工基本养老保险费单位应缴费额=单位缴费基数×费率

公式中的单位缴费基数，按照本单位职工个人缴费基数之和确定。

2. 个人应缴费额。

企业职工基本养老保险费个人应缴费额=个人缴费基数×费率

公式中的个人缴费基数，在实际计算中，通常按上一年度职工本人月平均工资，经缴费基数上下限调整后确定为月缴费基数。

3. 无雇工的个体工商户和灵活就业人员应缴费额。

无雇工的个体工商户和灵活就业人员应缴费额=无雇工的个体工商户和灵活就业人员自愿选择的缴费基数×费率

（六）权益记录

企业职工基本养老保险实行社会统筹与个人账户相结合的制度模式。个人账户用于记录职工个人缴纳的基本养老保险费和从企业缴费中划转计入的基本养老保险费以及上述两部分的利息金额，是职工退休后领取基本养老金的主要依据。

个人账户号码采用职工的公民身份证号码，公民身份证号码因故更改时，个人账户号码不作变动。个人账户主要内容包括姓名、性别、社会保障号码、参加工作时间、视同缴费年限、个人首次缴费时间、当地上年职工平均工资、个人当年缴费工资基数、当年缴费月数、当年记账利息及个人账户储存额情况等。个人账户按月记账，按照“养老保险基金记账利率”计算利息。记账利率每年由人力资源社会保障部和财政部统一公布。

（七）统筹层次

养老保险社会统筹的层级越高，养老保险的覆盖范围越大，政府管理和控制风险的能力越强。《社会保险法》第六十四条规定，基本养老保险基金逐步实行全国统筹。按照党中央、国务院决策部署，自2022年1月开始实施企业职工基本养老保险全国统筹制度。党的二十大报告要求，完善基本养老保险全国统筹制度。

第三节 机关事业单位工作人员基本养老保险费

我国机关事业单位职工原实行退休养老制度，与企业养老保险制度双轨运行。自2014年10月1日起，“双轨制”结束，全国机关事业单位工作人员的退休保障制度改革为社会化的养老保险制度。

一、机关事业单位工作人员基本养老保险和机关事业单位工作人员基本养老保险费定义

机关事业单位工作人员基本养老保险，是指按照《公务员法》管理的单位、参照《公务员法》管理的机关（单位）、事业单位及其编制内的工作人员缴费达到法定期限并且个人达到法定退休年龄后，国家和社会提供物质帮助以保证其因年老而退出劳动领域后有稳定、可靠的生活来源的社会保险。

机关事业单位工作人员基本养老保险费，是指在机关事业单位工作人员基本养老保险基金筹集过程中，由按照《公务员法》管理的单位、参照《公务员法》管理的机关（单位）、事业单位及其编制内的工作人员按缴费基数的一定比例分别缴纳的社会保险费。机关事业单位工作人员基本养老保险费是机关事业单位工作人员基本养老保险基金的最重要组成部分。

机关事业单位工作人员基本养老保险作为一项职工社会保险，除了具备养老保险基本功能，还具有其特殊功能，主要表现在：机关事业单位工作人员养老保险制度转轨，补齐了养老保险制度全覆盖的“短板”，加快了统筹城乡、更加公平、可持续的养老保险制度体系建设；建立统筹互济、社会化管理的养老保险制度，促进机关事业单位深化改革；实行机关事业单位与企业相同的基本养老保险制度模式和政策，有利于化解社会待遇差距，体现制度公平和规则公平。

二、机关事业单位工作人员基本养老保险的发展沿革

（一）退休养老制度时期（1955—2014年）

1955年12月，国务院颁布《国家机关工作人员退休处理暂行办法》《国家机关工作人员退职处理暂行办法》《国家机关工作人员病假期间生活待遇试行

办法》《国务院关于处理国家机关工作人员退职、退休时计算工作年限的暂行规定》，形成了办理国家机关工作人员退休、退职、病假及工作年限计算等事项的基本制度规范。

机关事业单位原退休制度实行近 60 年，对保障退休人员生活、稳定干部队伍，发挥了重要作用。随着经济和社会的发展，机关事业单位工作人员和退休人员一直沿用原退休保障制度，逐步暴露出一些矛盾：一是机关事业单位的退休费用由财政或单位承担，单位之间负担不均衡，一些地区和单位，特别是一些基层事业单位退休费不堪重负，无法保证及时足额支付。二是由于制度模式不同，工作人员在企业和机关事业单位间流动，养老保险关系接续困难，制约了人力资源在企业和机关事业单位之间合理流动和有效配置。三是机关事业单位和企业单位的待遇差距拉大，社会对“待遇差、双轨制”问题反映强烈，要求实现养老保险制度公平的呼声越来越高。

（二）机关事业单位基本养老保险制度时期（2015 年至今）

党中央、国务院高度重视机关事业单位工作人员养老保险制度改革。《社会保险法》第十条规定，职工应当参加基本养老保险，由用人单位和职工共同缴纳基本养老保险费。公务员和参照《公务员法》管理的工作人员养老保险的办法由国务院规定。党的十八大提出“全面建成覆盖城乡居民的社会保障体系”，党的十八届三中全会要求“推进机关事业单位养老保险制度改革”，《公务员法》第八十三条规定，公务员依法参加社会保险，按照国家规定享受保险待遇。

按照党的十八大和十八届三中、四中全会精神，根据《社会保险法》等法律规定，2015 年 1 月，国务院印发《关于机关事业单位工作人员养老保险制度改革的决定》（国发〔2015〕2 号），规定自 2014 年 10 月 1 日起将全国机关事业单位工作人员的退休保障制度改革为社会化的养老保险制度。改革的基本思路是“一个统一、五个同步”。“一个统一”：机关事业单位与企业等城镇从业人员统一实行社会统筹与个人账户相结合的基本养老保险制度，也就是社会上所谓“与企业养老保险制度并轨”。“五个同步”：一是机关与事业单位同步改革；二是职业年金与基本养老保险制度同步建立；三是养老保险制度改革与完善工资制度同步推进，即在改善当时机关事业单位工作人员畸形工资结构（工资比重低而津贴占比过高）的基础上，制定更加科学的缴费和待遇标准；四是待遇确定机制与调整机制同步完善，即改行基础养老金加个人账户养老金的待遇结构，并改变原来机关事业单位退休人员随在职工作人员工资调整而提高的政策，机关事业单位工作人员养老金待遇调整工作与企业退休人员统筹安排；五是改革在全国范围内同步实施，避免地区之间产生改与不改、先改与后改的矛盾。

机关事业单位养老保险制度改革根本转变了60年来机关事业单位自我保障本单位退休人员的“雇主责任”模式，实行了社会化的养老保险制度，补齐了最后一块“非社会化”制度的短板，使我国基本社会保险制度覆盖全部法定人群成为现实；根本转变了自20世纪50年代企业劳动保险与机关事业单位退休养老制度分立的格局，按照“统账结合”的原则建立起同质化的制度，并在制度结构、筹资标准、待遇确定办法和调整机制上实现了完全统一，结束了两类群体养老保险“双轨制”的历史。

实施机关事业单位养老保险制度改革，无论在制度模式，还是在待遇确定模式等方面，与原有的退休制度相比都有较大变化。一是在基本制度模式方面，从原来的单位保障方式改为社会保险方式。二是在待遇发放的筹资渠道方面，由财政部门或单位直接支付退休费改为单位和个人共同缴费形成基金，由基金支付基本养老金。三是在退休待遇确定机制方面，改革前根据人员退休时的工作年限和所任职务（职称）按有关规定计发退休费，改革后则主要按照参保职工本人历年缴费多少、缴费时间长短来计算基本养老金标准，与企业职工的基本养老金待遇计发办法相一致，体现出基本规则的公平。四是在养老保障体系结构方面，制度改革后，机关事业单位工作人员统一建立职业年金，由单一的退休费改为基本养老保险加补充养老保险的多层次结构。职业年金具有强制性，是机关事业单位工作人员养老保险待遇的组成部分。

三、机关事业单位工作人员基本养老保险费的费制要素

（一）覆盖范围

2015年1月，国务院印发《关于机关事业单位工作人员养老保险制度改革的决定》（国发〔2015〕2号），明确机关事业单位工作人员基本养老保险的实施范围为，按照《公务员法》管理的单位、参照《公务员法》管理的机关（单位）、事业单位及其编制内的工作人员。符合纳入参保范围条件的机关事业单位在职工作人员，是指经机构编制部门同意，组织或人力资源社会保障等部门按规定程序办理了相关手续的人员。因此，参加机关事业单位工作人员基本养老保险的工作人员，需满足两个基本条件：一是所在单位为机关事业单位；

二是属于所在单位编制内的工作人员。

1. 应参加人员。

（1）按照《公务员法》管理的单位的编制内工作人员。①

（2）参照《公务员法》管理的机关（单位）的编制内工作人员。②

（3）事业单位编制内的工作人员。③

（4）机关事业单位编制内劳动合同制工人。④

（5）军队文职人员。⑤

（6）计划分配到机关事业单位工作的军队转业干部和退役士兵。⑥

（7）自主择业的军队转业干部被党和国家机关、人民团体或者财政拨款的事业单位选用为正式工作人员的，按照国家规定参加机关事业单位工作人员基本养老保险。⑦

2. 暂时参保人员。

（1）目前划分为生产经营类，但尚未转企改制到位的事业单位职工，尚未参加企业职工基本养老保险的，暂参加机关事业单位工作人员基本养老保险，待转企改制到位后，按有关规定纳入企业职工基本养老保险范围。⑧

（2）目前尚未确定分类类型的事业单位职工，尚未参加企业职工基本养老保险的，暂参加机关事业单位工作人员基本养老保险，待分类类型确定并改革到位后，纳入相应的养老保险制度。⑨

3. 将来可能参保人员。

编制管理不规范的单位，先按照有关规定进行清理规范，待明确工作人员身份后再纳入相应的养老保险制度。⑩

---

① 参见：《国务院关于机关事业单位工作人员养老保险制度改革的决定》（国发〔2015〕2号）。

② 同①。

③ 同①。

④ 参见：《人力资源社会保障部办公厅 财政部办公厅关于机关事业单位养老保险制度改革几个具体问题处理意见的通知》（人社厅发〔2015〕121号）。

⑤ 参见：《人力资源社会保障部 财政部 国家税务总局 中央军委政治工作部 中央军委后勤保障部关于军队文职人员参加机关事业单位养老保险有关问题的通知》（军后财〔2018〕281号）。

⑥ 参见：《人力资源社会保障部 财政部 总参谋部 总政治部 总后勤部关于军人退役基本养老保险关系转移接续有关问题的通知》（后财〔2015〕1726号）。

⑦ 同⑥。

⑧ 参见：《人力资源社会保障部 财政部关于贯彻落实〈国务院关于机关事业单位工作人员养老保险制度改革的决定〉的通知》（人社部发〔2015〕28号）。

⑨ 同④。

⑩ 同⑧。

延伸阅读

机关事业单位养老保险参保单位类型（性质）划分

根据国家政策规定，机关事业单位分为以下8类：①按照《公务员法》管理的单位；②参照《公务员法》管理的机关（单位）；③行政类事业单位；④公益一类事业单位；⑤公益二类事业单位；⑥划分为生产经营类但尚未转企改制到位且未参加企业职工基本养老保险的事业单位；⑦尚未确定分类类型且未参加企业职工基本养老保险的事业单位；⑧不纳入分类范围的事业单位。

（二）缴费人

机关事业单位工作人员基本养老保险费由机关事业单位和编制内工作人员共同负担，单位和工作人员同为缴费人。工作人员个人缴纳部分由单位代扣代缴。

（三）缴费基数

机关事业单位工作人员基本养老保险缴费基数包括两部分：单位缴费基数、个人缴费基数。

1. 单位缴费基数。

2015年1月，国务院印发《关于机关事业单位工作人员养老保险制度改革的决定》（国发〔2015〕2号），规定单位缴纳机关事业单位工作人员基本养老保险费的基数为“本单位工资总额”。2015年3月，人力资源社会保障部、财政部印发《关于贯彻落实〈国务院关于机关事业单位工作人员养老保险制度改革的决定〉的通知》（人社部发〔2015〕28号），将“本单位工资总额”明确为“参加机关事业单位养老保险工作人员的个人缴费工资基数之和”。

2. 个人缴费基数。

个人缴费基数为“本人缴费工资”，根据本人上一年度月平均工资确定。机关单位（含参公管理的单位）工作人员纳入个人缴费基数的工资项目包括：本人上一年度工资收入中的基本工资、国家统一的津贴补贴（艰苦边远地区津贴、西藏特贴、特区津贴、警衔津贴、海关津贴等国家统一规定纳入原退休费计发基数的项目）、规范后的津贴补贴（地区附加津贴）、年终一次性奖金。事业单位工作人员纳入个人缴费基数的工资项目包括：本人上一年度工资收入中的基本工资、国家统一的津贴补贴（艰苦边远地区津贴、西藏特贴、特区津贴等国家统一规定纳入原退休费计发基数的项目）、绩效工资。

个人月平均工资高于本省上一年度全口径社会平均工资 300%的，以本省上一年度全口径社会平均工资 300%为本人缴费基数；低于本省上年全口径社会平均工资 60%的，以本省上年全口径社会平均工资 60%为本人缴费基数。

（四）费率

2019 年 4 月，国务院办公厅印发《降低社会保险费率综合方案》（国办发〔2019〕13 号），规定自 2019 年 5 月 1 日起，各省、自治区、直辖市及新疆生产建设兵团机关事业单位工作人员基本养老保险单位费率统一从制度建立之初的 20%降至 16%，机关事业单位工作人员费率不变，继续执行 8%的费率。

（五）应缴费额

机关事业单位工作人员基本养老保险费应缴费额，是指机关事业单位工作人员基本养老保险费的缴费人按照社会保险法律、法规规定的缴费基数的比例计算得出的应当缴纳的基本养老保险费金额。其计算公式为：

1. 单位应缴费额。

机关事业单位应缴费额=机关事业单位工作人员基本养老保险费单位缴费基数×费率

公式中的机关事业单位工作人员基本养老保险费单位缴费基数，按照本单位职工个人缴费工资基数之和确定。

2. 工作人员个人应缴费额。

工作人员个人应缴费额=本人缴费基数×费率

公式中的本人缴费基数，在实际计算中，通常按照本人上一年度月平均工资经“上下限”调整后确定为月缴费基数。

（六）权益记录

机关事业单位工作人员基本养老保险，实行社会统筹与个人账户相结合制度模式。个人账户按本人缴费工资 8%的数额建立，全部由个人缴费形成，统一计息。个人账户是工作人员在符合国家规定的退休条件并办理了退休手续后，领取基本养老金的主要依据。

个人账户号码采用工作人员的公民身份证号码，公民身份证号码因故更改时，个人账户号码不作变动。个人账户用于记录个人缴费及利息等社会保险权益，包括个人基本信息、缴费信息和支付信息、转移接续信息、终止注销信息等内容。个人账户按月记账，机关事业单位工作人员和企业职工基本养老保险个人账户记账利率一样，每年由人力资源社会保障部和财政部统一公布。

（七）统筹层次

《国务院关于机关事业单位工作人员养老保险制度改革的决定》（国发〔2015〕2号）规定，建立健全基本养老保险基金省级统筹，暂不具备条件的，可先实行省级调剂制度，明确各级人民政府征收、管理和支付的责任。截至2023年底，少数省份机关事业单位工作人员基本养老保险实现省级统筹，其他省份为市、县级统筹。

第四节 城乡居民基本养老保险费

我国是一个传统农业大国，农业人口占大多数。几千年来，家庭养老一直是农民保障其老年生活的主要形式，尊老、敬老、养老成为中华民族传统文化的重要组成部分。随着我国农村人口结构、家庭结构发生变化，以及农村富余劳动力向城镇流动，家庭养老的传统价值观念和道德基础出现动摇。为了改善城乡居民的老年生活、维护社会公平正义、促进社会和谐，我国公共财政的覆盖范围逐步向农村延伸，分担起城乡居民的养老责任，国家建立起城乡居民基本养老保险制度。

一、城乡居民基本养老保险和城乡居民基本养老保险费的定义

城乡居民基本养老保险，是指城乡居民缴费达到法定期限并且年满60周岁，国家和社会提供物质帮助以保证其因年老而退出劳动领域后有稳定、可靠的生活来源的社会保险。

城乡居民基本养老保险费，是指在城乡居民基本养老保险基金筹集过程中，城乡居民按照规定标准缴纳或由地方人民政府为缴费困难群体代缴的社会保险费。城乡居民基本养老保险费是城乡居民基本养老保险基金的主要组成部分。

二、城乡居民基本养老保险的发展沿革

（一）“老农保”时期（1992—2008年）

1992年1月，民政部印发《县级农村社会养老保险基本方案（试行）》（民办发〔1992〕2号），明确建立农村社会养老保险制度。保险对象为非城镇

户口、不由国家供应商品粮的农村人口。缴纳保险费年龄为20—60周岁，不分性别、职业。资金筹集坚持以个人缴纳为主，集体补助为辅，国家给予政策扶持的原则。月缴费标准设2元、4元、6元、8元、10元、12元、14元、16元、18元、20元10个档次，供不同的地区以及乡镇、村、企业和投保人选择。各业人员的缴费档次可以有所区别。这项政策后来被称为“老农保”。

（二）“新农保”“城居保”试点时期（2009—2013年）

2009年9月，国务院印发《关于开展新型农村社会养老保险试点的指导意见》（国发〔2009〕32号），明确从2009年起开展新型农村社会养老保险（以下简称“新农保”）试点。“新农保”试点的基本原则是“保基本、广覆盖、有弹性、可持续”。探索建立个人缴费、集体补助、政府补贴相结合的“新农保”制度，实行社会统筹与个人账户相结合。年满16周岁（不含在校学生）、未参加城镇职工基本养老保险的农村居民，可以在户籍地自愿参加“新农保”。“新农保”基金由个人缴费、集体补助、政府补贴构成。个人缴费方面，参加“新农保”的农村居民应当按规定缴纳养老保险费。缴费标准设为每年100元、200元、300元、400元、500元5个档次，地方可以根据实际情况增设缴费档次。参保人自主选择档次缴费，多缴多得。国家依据农村居民人均纯收入增长等情况适时调整缴费档次。

2011年6月，国务院印发《关于开展城镇居民社会养老保险试点的指导意见》（国发〔2011〕18号），从2011年起开展城镇居民社会养老保险（以下简称“城居保”）试点。年满16周岁（不含在校学生）、不符合职工基本养老保险参保条件的城镇非从业居民，可以在户籍地自愿参加“城居保”。“城居保”的基本原则、制度模式、筹资方式、待遇确定办法等政策与“新农保”基本一致，只是筹资标准高于“新农保”。个人缴费方面，参加“城居保”的城镇居民应当按规定缴纳养老保险费。缴费标准设为每年100元、200元、300元、400元、500元、600元、700元、800元、900元、1000元10个档次，地方人民政府可以根据实际情况增设缴费档次。

（三）城乡居民基本养老保险时期（2014年至今）

2014年2月，国务院印发《关于建立统一的城乡居民基本养老保险制度的意见》（国发〔2014〕8号），在总结“新农保”和“城居保”试点经验的基础上，国务院决定，将“新农保”和“城居保”两项制度合并实施，在全国范围内建立统一的城乡居民基本养老保险制度。要求坚持和完善社会统筹与个人账户相结合的制度模式，巩固和拓宽个人缴费、集体补助、政府补贴相结合的资金筹集渠道，完善基础养老金和个人账户养老金相结合的待遇支付政策，强化长缴多得、多缴多得等制度的激励机制，建立基础养老金正常调整机制，健全服务网络，提高管理水平，为参保居民提供方便快捷的服务。

三、城乡居民基本养老保险费的费制要素

（一）覆盖范围

年满16周岁（不含在校学生），非国家机关和事业单位工作人员及不属于职工基本养老保险制度覆盖范围的城乡居民，可以在户籍地参加城乡居民基本养老保险。

这里的参保覆盖范围，可从三个层面理解：一是所有未被城镇职工基本养老保险制度覆盖的人员都属于城乡居民基本养老保险覆盖范围，但不包括劳动年龄以下的少年儿童和在校学生、现役军人、服刑人员等；二是实行自愿参保的原则，不同于城镇职工基本养老保险的强制原则，这是根据我国农村实际确定的方针；三是明确在户籍地参保。

（二）资金筹集

城乡居民基本养老保险基金由个人缴费、集体补助、政府补贴等构成。

1. 个人缴费。

参加城乡居民基本养老保险的人员应当按规定缴纳养老保险费。缴费标准设为每年100元、200元、300元、400元、500元、600元、700元、800元、900元、1000元、1500元、2000元12个档次，省（区、市）人民政府可以根据实际情况增设缴费档次，最高缴费档次标准原则上不超过当地灵活就业人员参加企业职工基本养老保险的年缴费额，并报人力资源社会保障部备案。人力资源社会保障部会同财政部，根据城乡居民收入增长等情况适时调整缴费档次标准。参保人自主选择档次缴费，多缴多得。

这里包含四个政策要点：一是城乡居民基本养老保险按年度缴费，原则上当年费用当年缴纳，也可以当年缴纳以前年度费用，而不是像职工社会保险制度那样按月计缴，符合居民非工薪收入者的特点。二是缴费标准按绝对额形式设定，而不采取按工资或收入基数一定比例确定费率的形式，更便于理解。三是设置多个缴费档次，由居民依据自身经济承受能力自主选择，体现了弹性原则，适应居民收入水平的差异性。四是国家既设置了全国统一的缴费标准档

次，又允许各省（区、市）在此基础上增设缴费档次，适应地区经济社会发展的差别，体现了统一性与灵活性相结合；同时规定地方增设的缴费标准最高不能超过当地灵活就业人员参加企业职工基本养老保险的年度缴费额，也是考虑到居民的经济承受能力以及与其他群体缴费负担的平衡。

2. 集体补助。

政策要求有条件的村集体经济组织应当对参保人缴费给予补助，补助标准由村民委员会召开村民会议民主确定，鼓励有条件的社区将集体补助纳入社区公益事业资金筹集范围。鼓励其他社会经济组织、公益慈善组织、个人为参保人缴费提供资助。在经济条件较好的地区，这是一条补充的资金渠道；但为防止以此完全替代个人缴费义务，这些补助、资助的金额不超过当地设定的最高缴费档次标准。

3. 政府补贴。

政府对城乡居民基本养老保险制度给予财政补贴，具体分为两部分：一是在参保缴费环节（俗称“入口”补贴），地方人民政府应当对参保人缴费给予补贴，对选择最低档次标准缴费的，补贴标准不低于每人每年30元；对选择较高档次标准缴费的，适当增加补贴金额；对选择500元及以上档次标准缴费的，补贴标准不低于每人每年60元，具体标准和办法由省（区、市）人民政府确定。对重度残疾人等缴费困难群体，地方人民政府为其代缴部分或全部最低标准的养老保险费。二是在支付环节（俗称“出口”补贴），政府对符合领取城乡居民基本养老保险待遇条件的参保人全额支付基础养老金。其中，中央财政对中西部地区按中央确定的基础养老金标准给予全额补助，对东部地区给予50%的补助。换言之，就是按规定参加基本养老保险的城乡居民，60周岁以后都将享受到国家普惠式的养老金。

2021年8月，人力资源社会保障部、民政部、财政部、国家税务总局、国家乡村振兴局、中国残疾人联合会印发《关于巩固拓展社会保险扶贫成果助力全面实施乡村振兴战略的通知》（人社部发〔2021〕64号），要求减轻困难群体参保缴费负担。完善困难群体参保帮扶政策，对参加城乡居民基本养老保险的低保对象、特困人员、返贫致贫人口、重度残疾人等缴费困难群体，地方人民政府为其代缴部分或全部最低缴费档次养老保险费。在提高最低缴费档次时，对上述困难群体和其他已脱贫人口可保留现行最低缴费档次。支持和鼓励有条件的集体经济组织和其他社会经济组织、公益慈善组织、个人为参加城乡居民基本养老保险的困难人员参保缴费提供资助。2023 年，共为 2577 万困难人员代缴城乡居民基本养老保险费，困难人员基本养老保险参保率保持在 99% 以上。①

（三）权益记录

国家为每个参保的城乡居民建立终身记录的养老保险个人账户，个人缴费、地方人民政府对参保人的缴费补贴、集体补助，以及其他社会经济组织、公益慈善组织、个人对参保人的缴费资助，全部计入个人账户。个人缴费、补助、资助按缴入国库时间记账，从次月开始计息。城乡居民基本养老保险个人账户的结息年度一般为每年的 1 月 1 日至 12 月 31 日。

个人账户记录项目包括：个人基本信息、缴费信息、养老金支付信息、个人账户储存额信息、转移接续信息、终止注销信息等。

（四）统筹层次

2014 年 2 月，国务院印发《关于建立统一的城乡居民基本养老保险制度的意见》（国发〔2014〕8 号），要求各地要在整合城乡居民基本养老保险制度的基础上，逐步推进城乡居民基本养老保险基金省级管理。截至 2023 年底，少数省市实现基金省级管理，其他省份均为基金市、县级管理。

第五节　补充养老保险

我国补充养老保险根据举办主体不同分为企业补充养老保险（企业年金）和机关事业单位工作人员补充养老保险（职业年金）。此外，我国正在推动个人养老金发展。

一、企业年金

（一）定义

企业年金，也称企业补充养老保险，是指企业及其职工在依法参加基本养老保险的基础上，自主建立的补充养老保险。国家鼓励企业建立企业年金。

（二）发展沿革

1991 年 6 月，国务院印发《关于企业职工养老保险制度改革的决定》（国

① 数据来自人力资源社会保障部 2023 年第四季度新闻发布会。

发〔1991〕33号)，要求逐步建立起基本养老保险与企业补充养老保险和职工个人储蓄性养老保险相结合的制度。企业补充养老保险由企业根据自身经济能力为本企业职工建立，所需费用从企业自有资金中的奖励、福利基金内提取。个人储蓄性养老保险由职工根据个人收入情况自愿参加。国家提倡、鼓励企业实行补充养老保险和职工参加个人储蓄性养老保险，并在政策上给予指导。同时，允许试行将个人储蓄性养老保险与企业补充养老保险挂钩的办法。

1995年1月实施的《中华人民共和国劳动法》第七十五条规定，国家鼓励用人单位根据本单位实际情况为劳动者建立补充保险。国家提倡劳动者个人进行储蓄性保险。同年3月，国务院印发《关于深化企业职工养老保险制度改革的通知》(国发〔1995〕6号)，明确国家在建立基本养老保险、保障离退休人员基本生活的同时，鼓励建立企业补充养老保险和个人储蓄性养老保险。企业按规定缴纳基本养老保险费后，可以在国家政策指导下，根据本单位经济效益情况，为职工建立补充养老保险。企业补充养老保险和个人储蓄性养老保险，由企业和个人自主选择经办机构。12月，劳动部印发《关于建立企业补充养老保险制度的意见》(劳部发〔1995〕464号)，明确了建立企业补充养老保险制度的有关政策。

2004年1月，劳动和社会保障部印发《企业年金试行办法》(劳动和社会保障部令第20号)，明确建立企业年金的条件：一是依法参加基本养老保险并履行缴费义务，二是具有相应的经济负担能力，三是已建立集体协商机制。建立企业年金，应当由企业与工会或职工代表通过集体协商确定，并制定企业年金方案。企业年金所需费用由企业和职工个人共同缴纳。企业缴费的列支渠道按国家有关规定执行，职工个人缴费可以由企业从职工个人工资中代扣。企业缴费每年不超过本企业上一年度职工工资总额的1/12。企业和职工个人缴费合计一般不超过本企业上一年度职工工资总额的1/6。

2004年2月，劳动和社会保障部、银监会、证监会、保监会联合印发《企业年金基金管理试行办法》(劳动和社会保障部 银监会 证监会 保监会令第23号)，对企业年金基金的受托管理、账户管理、托管以及投资管理作出规范。2011年，人力资源社会保障部、银监会、证监会、保监会印发《企业年金基金管理办法》(人力资源社会保障部 银监会 证监会 保监会令第11号)，对企业年金基金的受托管理、账户管理、托管、投资管理以及监督管理作出新的规定，2004年2月印发的《企业年金基金管理试行办法》同时废止。

2017年12月，人力资源社会保障部、财政部印发《企业年金办法》（人力资源社会保障部 财政部令第36号），对企业年金方案、基金筹集、账户管理、待遇、管理监督等作出明确规定。至此，我国的企业年金制度基本定型。

（三）费制要素

1. 覆盖范围。

已依法参加企业职工基本养老保险的企业及其职工。建立企业年金，企业应当与职工一方通过集体协商确定，并制定企业年金方案。

2. 缴费人。

企业年金缴费人，是指建立了企业年金制度的企业及其职工。其所需费用由企业和职工个人共同缴纳，职工个人缴费由企业从职工个人工资中代扣代缴。

3. 缴费基数。

企业的缴费基数为企业职工工资总额，职工个人缴费基数为本人工资。

4. 费率。

企业缴费每年不超过本企业职工工资总额的8%。企业和职工个人缴费合计不超过本企业职工工资总额的12%。具体所需费用，由企业和职工一方协商确定。

5. 权益记录。

企业年金基金由企业缴费、职工个人缴费、企业年金基金投资运营收益组成。

企业缴费应当按照企业年金方案确定的比例和办法计入职工企业年金个人账户，职工个人缴费计入本人企业年金个人账户。企业应当合理确定本单位当期缴费计入职工企业年金个人账户的最高额与平均额的差距。企业当期缴费计入职工企业年金个人账户的最高额与平均额不得超过5倍。

职工企业年金个人账户中个人缴费及其投资收益自始归属于职工个人。职工企业年金个人账户中企业缴费及其投资收益，企业可以与职工一方约定其自始归属于职工个人，也可以约定随着职工在本企业工作年限的增加逐步归属于职工个人，完全归属于职工个人的期限最长不超过8年。

二、职业年金

（一）定义

职业年金，是指机关事业单位及其工作人员在依法参加机关事业单位工作人员基本养老保险的基础上，建立的补充养老保险。职业年金旨在保障机关事业单位工作人员退休后的生活水平，促进人力资源合理流动，是我国多层次养老保险体系的重要组成部分。

（二）发展沿革

2008年3月，国务院印发《事业单位工作人员养老保险制度改革试点方案》（国发〔2008〕10号），指出为建立多层次的养老保险体系，提高事业单位工作人员退休后的生活水平，增强事业单位的人才竞争能力，在参加基本养老保险的基础上，事业单位建立工作人员职业年金制度。

2011年7月，国务院办公厅印发《分类推进事业单位改革配套文件》（国办发〔2011〕37号），其中《事业单位职业年金试行办法》是分类推进事业单位改革配套文件之一。

2015年1月，国务院印发《关于机关事业单位工作人员养老保险制度改革的决定》（国发〔2015〕2号），明确机关事业单位在参加基本养老保险的基础上，应当为其工作人员建立职业年金。单位按本单位工资总额的8%缴费，个人按本人缴费工资的4%缴费。工作人员退休后，按月领取职业年金待遇。

2015年3月，国务院办公厅印发《机关事业单位职业年金办法》（国办发〔2015〕18号），明确了职业年金具体办法。至此，我国机关事业单位职业年金制度正式建立起来。

（三）费制要素

1. 覆盖范围。

参加职业年金的单位和工作人员范围与参加机关事业单位工作人员基本养老保险的范围一致，为按照《公务员法》管理的单位、参照《公务员法》管理的机关（单位）、事业单位及其编制内的工作人员。

2. 缴费人。

职业年金费用由用人单位和工作人员个人共同承担，工作人员个人缴费部分由用人单位代扣。

3. 缴费基数。

职业年金中的用人单位和个人缴费基数与机关事业单位工作人员基本养老保险缴费基数一致。单位缴费基数为个人缴费基数之和，个人缴费基数为本人工资。

4. 费率。

用人单位缴纳职业年金费用的比例为8%，个人缴费比例为4%。根据经济社会发展状况，国家适时调整单位和个人职业年金缴费的比例。

5. 权益记录。

职业年金基金由单位缴费、个人缴费、职业年金基金投资运营收益、国家规定的其他收入构成。职业年金采用个人账户式管理。个人缴费直接计入本人职业年金个人账户，单位缴费按照个人缴费基数的8%计入工作人员本人职业年金个人账户。职业年金基金投资运营收益，按规定计入职业年金个人账户。

三、个人养老金

（一）定义

个人养老金，是指政府政策支持、个人自愿参加、市场化运营、实现养老保险补充功能的制度。个人养老金制度属于多层次、多支柱养老保险体系中的第三支柱养老保险制度，旨在满足人民群众日益增长的多样化养老保险需要。

个人养老金发展坚持政府引导、市场运作、有序发展的原则。注重发挥政府引导作用，在多层次、多支柱养老保险体系中统筹布局个人养老金；充分发挥市场作用，营造公开公平公正的竞争环境，调动各方面积极性；严格监督管理，切实防范风险，促进个人养老金健康有序发展。

（二）发展沿革

2022年4月，国务院办公厅印发《关于推动个人养老金发展的意见》（国办发〔2022〕7号），明确个人养老金的总体要求、参加范围、制度模式、缴费水平、税收政策、投资、领取、信息平台、运营和监管等内容。

2022年10月，人力资源社会保障部、财政部、国家税务总局、银保监会、证监会联合印发《个人养老金实施办法》（人社部发〔2022〕70号），规定加强个人养老金业务管理，规范个人养老金运作流程，对个人养老金的参加流程、信息报送和管理、资金账户管理、机构与产品管理、信息披露、监督管理等提出要求。

2022年11月，财政部、国家税务总局发布《关于个人养老金有关个人所得税政策的公告》（财政部 税务总局公告2022年第34号），规定自2022年1月

1日起，对个人养老金实施递延纳税优惠政策。

2022年11月，人力资源社会保障部办公厅、财政部办公厅、国家税务总局办公厅联合印发《关于公布个人养老金先行城市（地区）的通知》（人社厅函〔2022〕169号），公布了31个先行城市（地区）名单，个人养老金制度开始在先行城市（地区）实施。

（三）费制要素

1. 参加范围。

在中国境内参加城镇职工基本养老保险（包括企业和机关事业单位基本养老保险）或者城乡居民基本养老保险的劳动者，可以参加个人养老金制度。换言之，参加个人养老金制度的前提是参加了基本养老保险制度。

2. 缴费人。

个人养老金缴费完全由参加人个人承担。

3. 缴费标准。

参加人每年缴纳个人养老金的上限为12000元。人力资源社会保障部、财政部根据经济社会发展水平和多层次、多支柱养老保险体系发展情况等因素适时调整缴费上限。

4. 制度模式。

个人养老金实行个人账户制度，缴费完全由参加人个人承担，实行完全积累。参加人通过个人养老金信息管理服务平台，建立个人养老金账户。个人养老金账户是参加个人养老金制度、享受税收优惠政策的基础。

参加人可以用缴纳的个人养老金在符合规定的金融机构或者其依法合规委托的销售渠道购买金融产品，并承担相应的风险。参加人应当指定或者开立一个本人唯一的个人养老金资金账户，用于个人养老金缴费、归集收益、支付和缴纳个人所得税。个人养老金资金账户可以由参加人在符合规定的商业银行指定或者开立，也可以通过其他符合规定的金融产品销售机构指定。个人养老金资金账户实行封闭运行，其权益归参加人所有，除另有规定外不得提前支取。

本章思考题

1. 企业职工基本养老保险的覆盖范围、缴费基数、费率是如何规定的？
2. 机关事业单位工作人员基本养老保险个人缴费基数由哪些构成？
3. 城乡居民基本养老保险费缴费档次是如何规定的？
4. 人口老龄化对我国养老保险费筹集有何影响？
5. 如何理解我国企业职工基本养老保险全国统筹的现实意义？

第三章 医疗保险费和生育保险费

【学习目标】本章主要介绍基本医疗保险、生育保险、补充医疗保险的定义和概念、特点、发展历程及各自的费制构成要素。通过本章学习，了解相关概念、发展历程及特点等；熟悉生育保险费的覆盖范围、缴费人、缴费基数和费率；熟悉补充医疗保险费的费制要素，职工基本医疗保险费和城乡居民基本医疗保险费的权益记录和统筹层次等；掌握职工基本医疗保险费和城乡居民基本医疗保险费的覆盖范围、缴费人、缴费基数、费率和应缴费额。

第一节 医疗保险费概述

医疗保障是减轻群众就医负担、增进民生福祉、维护社会和谐稳定的重大制度安排。我国已基本形成以基本医疗保险为主体，医疗救助为托底，补充医疗保险、商业健康保险、慈善捐赠、医疗互助共同发展的医疗保障制度体系。

一、相关定义和概念

在阐述基本医疗保险费概念之前，有必要分析医疗保险、社会医疗保险、基本医疗保险等几个密切相关的概念。

（一）医疗保险

医疗保险，是指由特定的组织或机构经办，按照强制性或自愿性原则，在一定区域的参保人群中筹集医疗保险基金，当参保人（被保险人）因疾病、受伤或生育接受了医疗服务时，由保险人（特定的组织或机构）提供经济补偿的一种保险。

（二）基本医疗保险和基本医疗保险费

基本医疗保险，是指国家通过立法建立医疗保险基金，在参保人非因工患病和因意外伤害而发生医疗费用后，由医疗保险基金支付其基本医疗保险待遇的社会保险。

基本医疗保险费，是指在医疗保险基金的筹集过程中，参保单位、参保人员按规定缴纳的医疗保险资金，以及其他部门或组织机构（如财政部门）为参保人代缴的费款。基本医疗保险费包括职工基本医疗保险费和城乡居民基本医疗保险费。

（三）社会医疗保险和商业医疗保险

根据保险经营性质，可将医疗保险分为社会医疗保险和商业医疗保险。社会医疗保险是社会保险的重要组成部分，一般由政府部门承办，借助经济、行政和法律手段强制实施并进行组织管理。在医疗保险基金遇到特大风险时，政府采取划拨财政补助等方式对基金进行托底，必要时政府还会出面协调医疗保险机构与有关各方的关系，使社会医疗保险得以顺利推行。商业医疗保险一般由商业保险公司经办，以营利为目的，政府不参与，采取自愿参加的原则。

（四）基本医疗保险和补充医疗保险

根据保险待遇层次，可将医疗保险分为基本医疗保险和补充医疗保险。基本医疗保险体现“保基本”的原则，即基本用药、基本技术、基本服务和基本收费，主要用于一般的门诊、急诊、住院费用。基本医疗保险是医疗保障体系的基础，能够保障广大参保人员的基本医疗需求。补充医疗保险是为满足不同层次的医疗保障需求而设立的，是对基本医疗保险的补充，也是多层次医疗保障体系的重要组成部分。在参加补充医疗保险之前一般先参加基本医疗保险。补充医疗保险通常是自愿性的，可以是营利性的，也可以是非营利性的。

二、医疗保险的特点

（一）医疗保险待遇支付形式为实物（服务）补偿

医疗保险的作用是在参保人员患病时提供经济上的帮助，使之尽快恢复身体健康和劳动能力。尽管医疗保险是通过支付费用，补偿参保人员的经济损失，但参保人员最终获得的是医疗服务，而非现金。

（二）医疗保险待遇补偿方式为非定额补偿

参保人获得的医疗补偿费用与缴费金额多少不挂钩，而是主要取决于患者的病情特点及对应的诊疗用药手段。由于病情不同，每个患者获得的经济补偿额不相等。因此，不是定期、定额补偿。

（三）基本医疗保险具有全民性

全民医保是保障人民健康的一项基本制度。国务院办公厅于 2021 年 9 月印发的《“十四五”全民医疗保障规划》（国办发〔2021〕36 号）将“全国基本医疗保险参保率稳定在 95%以上”明确为约束性指标。《社会保险法》明确规定用人单位和职工应当依法参加基本医疗保险，同时，政府及相关组织机构通过加强政策宣传辅导力度，推动全民应参尽参、应保尽保。

（四）医疗保险各方关系较为复杂

医疗保险管理流程同其他保险一样有参保、缴费、风险确定、待遇给付等多个环节，卫生健康、医保、税务等部门在医疗、医保、医药等方面加强制度、政策衔接，建立沟通协商机制，协同推进改革，提高医疗资源使用效率和医疗保障水平。医疗保险管理程序和平衡机制比其他保险更为复杂，必须同医药卫生服务、药品流通使用等制度协调实施。

三、医疗保险的功能

医疗保险作为社会保障体系的一个重要组成部分，其功能从公民个体、卫生事业、经济社会、国民健康等方面表现为以下三点。

（一）保障劳动者健康、共享发展成果

身体健康是劳动者及其家庭获取劳动报酬的前提条件。劳动者一旦患病，不能从事劳动，正常收入中断或减少，势必会影响家庭经济生活。医疗保险制度的建立和实施，不仅通过社会共济集聚社会资金，而且还有政府资助，可以使患病的劳动者在医疗过程中获得必要的帮助，防止患病的劳动者“因病致贫”，体现了社会经济成果共享的发展理念。

（二）实现劳动者公平享受医疗保障

医疗保险是促进社会公平、进行收入再分配的管理机制。虽然参保人可能会因工龄长短、劳动环境优劣和贡献大小等因素而在医疗待遇上略有差别，但总的来说，享受医疗待遇并不与劳动者的劳动数量和质量直接挂钩。医疗保险要保障劳动者在患病后有均等就医机会，给予所有参保人必要的、平等的医疗保障，从而有助于调节社会医疗资源分配关系，实现效率与公平的统一。

（三）全民医保托起全民健康

我国已建成全世界规模最大、覆盖全民的基本医疗保障网，根据《“十四五”全民医疗保障规划》，“十三五”期间基本医疗保险覆盖 13.6 亿人，覆盖率稳定在95%以上。在覆盖全民的基础上，通过一系列的政策制度安排，使得全民医疗保障制度更加公平、更有效率、更可持续，发挥医疗保险对医药服务领域的激励约束作用，增强医保、医疗、医药联动改革的协同性，不断释放医改红利，使人民群众有更多安全感、获得感、幸福感。

第二节　职工基本医疗保险费

一、职工基本医疗保险定义

职工基本医疗保险，是指用人单位和个人依法参加基本医疗保险，在参保人因患病和意外伤害而发生医疗费用后，由职工基本医疗保险基金支付医疗保险待遇的社会保险。

职工基本医疗保险费，是指在职工基本医疗保险基金筹集过程中，用人单位和个人按照规定缴纳一定比例的医疗保险费。职工基本医疗保险费是职工基本医疗保险基金的最主要来源。

二、职工基本医疗保险的发展沿革

（一）传统职工医疗保障时期（1951—1992年）

我国传统职工医疗保障制度是20世纪50年代初按计划经济体制的要求建立的，主要由覆盖机关、事业单位人员的公费医疗制度和覆盖企业职工的劳保医疗制度组成。

公费医疗制度是为了保证国家工作人员健康而建立的医疗服务制度。政务院1951年颁布的《劳动保险条例》和1952年颁布的《政务院关于全国各级人民政府、党派、团体及所属事业单位的国家工作人员实行公费医疗预防的指示》，规定我国在各行政、事业单位中建立起公费医疗制度。

劳保医疗制度是中华人民共和国成立初期劳动保险制度的一部分，是为了保障企业职工的健康，通过提取职工福利基金，对企业职工实行免费医疗、职工家属实行减半收费的一项制度。1951年政务院颁布的《劳动保险条例》及1953年劳动部公布试行的《劳动保险条例实施细则修正草案》等文件对劳保医疗政策作出了具体规定。

传统医疗保险制度在保证城镇职工和农民身体健康方面起到了历史性的进步作用。但在改革开放以后，传统医疗保险制度逐渐不适应市场经济体制的要求，主要体现在以下方面：一是公费、劳保医疗制度只在机关事业单位、国有企业和部分集体企业中实行，外商投资企业和私营企业在基本医疗方面的合法权益得不到保障。二是国有企业逐步走向自主经营，自负盈亏，企业经营效益差时，职工医疗费支付就发生困难。尤其是亏损企业，医疗保障资金严重不足，职工医疗费不能及时报销，拖欠现象十分严重。三是传统的医疗保险制度规定职工就医费用主要由国家财政和企事业单位负担，个人基本不缴费，职工缺乏节约医药费用的意识，医疗经费严重浪费。

（二）职工基本医疗保险探索时期（1993—1997年）

自20世纪80年代初，一些地方开始探索对传统职工医疗保障制度改革。1993年，党的十四届三中全会通过的《中共中央关于建立社会主义市场经济体制若干问题的决定》，明确指出作为社会保险重要项目的城镇职工医疗保险金由单位和个人共同负担，实行社会统筹和个人账户相结合。

1994年4月，国家体改委、财政部、劳动部、卫生部四部委联合印发《关于职工医疗制度改革的试点意见》（体改分〔1994〕51号），探索建立统账结合的职工医疗保险制度。11月，国务院发布《关于江苏省镇江市、江西省九江市职工医疗保障制度改革试点方案的批复》（国函〔1994〕116号），同意在镇江市、九江市进行职工医疗保障制度改革试点，即“两江试点”。1996年在总结“两江试点”改革经验的基础上，国务院办公厅转发了四部委提出的《关于职工医疗保障制度改革扩大试点的意见》（国办发〔1996〕16号），在全国范围内选择50多个城市进行扩大试点。

（三）职工基本医疗保险建立时期（1998年至今）

1998年12月，在总结各地试点经验的基础上，国务院颁布了《关于建立城镇职工基本医疗保险制度的决定》（国发〔1998〕44号），在全国范围内进行城镇职工医疗保险制度改革，适应社会主义市场经济体制，根据财政、企业和个人的承受能力，建立保障职工基本医疗需求的社会医疗保险制度。

随着我国经济体制改革的进一步深化和产业结构的调整，以非全日制、临时性和弹性工作等灵活形式就业的人员逐步增加，这部分人的医疗保障问题日益突出。2003年5月，劳动和社会保障部办公厅印发《关于城镇灵活就业人员参加基本医疗保险的指导意见》（劳社厅发〔2003〕10号），规定未与用人单位建立明确劳动关系的灵活就业人员，可以个人身份参加职工基本医疗保险并缴费。可单独为参加职工基本医疗保险的灵活就业人员建立基本医疗保险统筹基金，首先解决灵活就业人员住院和门诊大额医疗费用的保障问题，也可为有条件的部分灵活就业人员同时建立个人账户和实行大额医疗补助。

为贯彻落实《社会保险法》，做好领取失业保险金期间的失业人员参加职工基本医疗保险工作，2011年6月，人力资源社会保障部印发《关于领取失业保险金人员参加职工基本医疗保险有关问题的通知》（人社部发〔2011〕77号），规定领取失业保险金人员应按规定参加其失业前失业保险参保地的职工医疗保险，由参保地失业保险经办机构统一办理职工医疗保险参保缴费手续。

三、职工基本医疗保险费的费制要素

（一）覆盖范围

职工基本医疗保险的人员覆盖范围的规定散见于《社会保险法》、《社会保险费征缴暂行条例》、国务院及有关部门的相关规定中。

1. 应参加人员。

（1）用人单位职工。①

用人单位包括企业（国有企业、集体企业、外商投资企业、私营企业等）、机关、事业单位、社会团体、民办非企业单位。②

（2）领取失业保险金期间的失业人员。③

（3）军队文职人员。④

（4）离休人员、老红军以及二等乙级以上革命伤残军人、退休人员。⑤

（5）在内地（大陆）依法注册或者登记的企业、事业单位、社会组织、有雇工的个体经济组织等用人单位依法聘用、招用的港澳台居民。⑥

（6）在中国境内依法注册或者登记的企业、事业单位、社会团体、民办非企业单位、基金会、律师事务所、会计师事务所等组织依法招用的外国人，以

---

① 参见：《社会保险法》第二十三条。
② 参见：《国务院关于建立城镇职工基本医疗保险制度的决定》（国发〔1998〕44号）。
③ 参见：《社会保险法》第四十八条。
④ 参见：《中国人民解放军文职人员条例》第五十四条。
⑤ 同②。
⑥ 参见：《香港澳门台湾居民在内地（大陆）参加社会保险暂行办法》（人力资源社会保障部令第41号）。

及与境外雇主订立雇用合同后，被派遣到在中国境内注册或者登记的分支机构、代表机构工作的外国人。[①]

2. 可以参加人员。

（1）无雇工的个体工商户、未在用人单位参加职工基本医疗保险的非全日制从业人员以及其他灵活就业人员。[②]

（2）在内地（大陆）依法从事个体工商经营的港澳台居民、在内地（大陆）灵活就业且办理港澳台居民居住证的港澳台居民。[③]

（二）缴费人

以职工身份参保的，用人单位和职工个人都是基本医疗保险缴费人，职工个人应缴费款由用人单位代扣代缴。以个人身份参保的，个人是职工基本医疗保险缴费人。

领取失业保险金期间的失业人员的职工医疗保险费，由社会保险经办机构代缴，个人不缴费，费用从失业保险基金中列支。

（三）缴费基数

职工基本医疗保险费的计征取决于单位和个人缴费基数和费率。计算公式如下：

职工基本医疗保险费应缴费额＝职工基本医疗保险缴费基数×费率

1. 单位缴费基数。

《国务院关于建立城镇职工基本医疗保险制度的决定》（国发〔1998〕44号）和《国家医保局 财政部关于建立医疗保障待遇清单制度的意见》（医保发〔2021〕5号）规定，用人单位的缴费基数为职工工资总额。通常用人单位的缴费基数每年核定一次，年度内一般不作调整。用人单位职工人数发生改变的除外。

实践中，地区之间对用人单位缴费基数的计算略有差异，有的地区采用与养老保险相同的缴费基数，即以职工个人缴费基数之和作为单位缴费基数，有的地区以职工工资总额作为单位缴费基数。

---

① 参见：《在中国境内就业的外国人参加社会保险暂行办法》（人力资源社会保障部令第16号）第三条。

② 参见：《社会保险法》第二十三条。

③ 参见：《香港澳门台湾居民在内地（大陆）参加社会保险暂行办法》（人力资源社会保障部令第41号）。

2. 职工个人缴费基数。

《国务院关于建立城镇职工基本医疗保险制度的决定》（国发〔1998〕44号）和《国家医保局 财政部关于建立医疗保障待遇清单制度的意见》（医保发〔2021〕5号）规定，个人缴费基数为本人工资收入。

企业职工的缴费基数是职工本人全部工资收入，即由单位支付的劳动报酬，包括计时工资、计件工资、奖金、津贴和补贴、加班加点工资、特殊情况下支付的工资。

行政机关和参照《公务员法》管理的事业单位工作人员的缴费基数尚未全国统一。有些地方采用机关事业单位工作人员养老保险的缴费基数，有些地方采用职工全部工资收入。

其他事业单位人员，按照人力资源社会保障部门核定的工资项目加绩效工资项目计算，即按岗位工资、薪级工资、教师（护士）按基本工资标准提高10%的部分、教（护）龄补贴、生活补贴、岗位津贴、工龄补贴、奖励性绩效工资项目之和确定。

新进本单位的人员以职工本人起薪当月的足月工资收入作为缴费基数。

实际工作中，为了便于职工基本医疗保险的征缴，很多地方一般以上一年度个人月平均工资为缴费基数。通常情况下，职工月平均工资超过当地全口径城镇单位就业人员平均工资300%以上的部分，不计入个人缴费基数；低于当地全口径城镇单位就业人员平均工资60%的，按60%计算缴费基数。职工工资介于当地全口径城镇单位就业人员平均工资60%—300%的，据实征收。

3. 其他人员缴费基数。

（1）灵活就业人员的缴费基数。

《劳动和社会保障部办公厅关于城镇灵活就业人员参加基本医疗保险的指导意见》（劳社厅发〔2003〕10号）规定，城镇灵活就业人员的缴费基数可以以当地上一年度职工年平均工资或当地上一年度职工年平均工资的一定比例作为缴费基数。

实际执行中，有的统筹地区参照用人单位，按全口径城镇单位就业人员平均工资的300%和60%设置上下限，核定缴费基数；有的统筹地区在全口径城镇单位就业人员平均工资的60%—300%设置若干档，由灵活就业人员自行选择一档作为缴费基数；有的统筹地区按全口径城镇单位就业人员平均工资的一定比例确定统一的缴费基数。

（2）失业人员的缴费基数。

领取失业保险金人员应按规定参加其失业前失业保险参保地的职工医疗保险，缴费基数按照统筹地区全口径城镇单位就业人员平均工资的一定比例确定，最低不低于其60%。

（3）退休人员的缴费基数。

参加职工基本医疗保险的个人，达到法定退休年龄时累计缴费达到国家规定年限的，退休后不再缴纳基本医疗保险费。未达到国家规定年限的，可以缴费至国家规定年限。缴费基数按统筹地区上年度全口径城镇单位就业人员平均工资的一定比例确定，但最低比例一般不得低于60%。

（四）费率

1. 用人单位和职工费率。

职工基本医疗保险制度建立之初，用人单位费率按规定控制在职工工资总额的6%左右，职工费率一般为本人工资收入的2%。具体缴费比例主要由各统筹地区根据实际情况确定。随着经济发展，各统筹地区用人单位和职工的费率都相应作了调整。

为了将一些缴费困难企业纳入基本医疗保险，部分地区在适当降低单位费率的基础上，单独建立基本医疗保险统筹基金，暂不建立个人账户，以保障其职工相应的医疗保险待遇。

《国务院办公厅关于全面推进生育保险和职工基本医疗保险合并实施的意见》（国办发〔2019〕10号）明确，生育保险和职工基本医疗保险合并实施后，新的用人单位职工基本医疗保险费率按照用人单位参加生育保险和职工基本医疗保险的缴费比例之和确定。同时，各地根据职工基本医疗保险基金支出情况和生育待遇的需求，按照收支平衡的原则，建立费率确定和调整机制。

2. 以个人身份参加职工基本医疗保险的费率。

（1）无雇工的个体工商户、未在用人单位参加职工基本医疗保险的非全日制从业人员以及其他灵活就业人员的费率。

以上灵活就业人员参加基本医疗保险要坚持权利和义务相对应、缴费水平与待遇水平相挂钩的原则。在参保政策和管理办法上既要与职工基本医疗保险制度相衔接，又要适应灵活就业人员的特点。灵活就业人员参加基本医疗保险的费率原则上按照当地规定的费率确定。

实际执行中，各统筹地区普遍将用人单位费率与个人费率之和确定为灵活就业人员的费率；部分统筹地区参照当地基本医疗保险建立统筹基金的缴费水平，给低收入灵活就业人员设置了低费率，缴费人暂不建立个人账户，保障其相应的医疗保险待遇。

(2) 失业人员的费率。

领取失业保险金人员参加职工基本医疗保险的费率原则上按照统筹地区的费率确定。

(五) 应缴费额

职工基本医疗保险费应缴费额，是指参加职工基本医疗保险的缴费人，按照社会保险法律、法规规定的缴费基数乘以费率，计算得出的应当缴纳的基本医疗保险费金额。其计算公式为：

职工基本医疗保险费单位应缴费额=单位缴费基数×费率

职工基本医疗保险费个人应缴费额=本人缴费基数×费率

【案例】职工基本医疗保险应缴费额核定

某单位有3个职工，职工张某、李某和王某，上年月平均工资分别是1600元、4000元和10000元。假设当地规定用人单位每月按月工资总额的6%缴纳职工基本医疗保险费，该单位所在地上年职工月平均工资为3000元，用人单位职工基本医疗保险费以职工上年月平均工资总额作为缴费基数，职工上年月平均工资总额低于上年职工月缴费基数之和的，以上年职工月缴费基数之和作为基数。请问张某、李某、王某和该单位每月应缴纳的职工基本医疗保险费各是多少？

分析：

职工个人的缴费基数低于当地社会平均工资的60%的，按当地社会平均工资的60%计算；超过当地社会平均工资300%的，按当地社会平均工资的300%计算，超过部分不算基数。职工工资在当地社会平均工资60%—300%的据实计算。

当地社会平均工资的60%=3000×60%=1800（元）

当地社会平均工资的300%=3000×300%=9000（元）

该单位职工张某、李某和王某应缴纳的职工基本医疗保险费分别为：

因为1600元小于1800元，所以张某应缴职工基本医疗保险费=1800×2%=36（元）。

因为4000元介于1800元和9000元之间，所以李某应缴职工基本医疗保险费＝4000×2%＝80（元）。

因为10000元大于9000元，所以王某应缴职工基本医疗保险费＝9000×2%＝180（元）。

该用人单位上年职工月平均工资总额＝10000＋1600＋4000＝15600（元），上年职工月缴费基数之和＝1800＋4000＋9000＝14800（元），15600元＞14800元，所以，该用人单位应缴职工基本医疗保险费＝15600×6%＝936（元）。

（六）权益记录

职工基本医疗保险权益通过个人账户记录体现。建立个人账户的核心是解决参保职工的门诊或小额医疗费用，同时为职工年老体弱时积累部分资金。

1. 个人账户的建立。

职工基本医疗保险个人账户是医疗保险结算机构为每一个参保人建立的医疗保险账户，用于记录、储存个人缴纳的职工基本医疗保险费的账户。实行统筹基金和个人账户相结合的统筹地区，经办机构都要按规定为参保人员建立个人账户，及时记录参保人员个人账户的收入、医药费用支出和账户结余额等相关信息。

2021年4月，国务院办公厅印发《关于建立健全职工基本医疗保险门诊共济保障机制的指导意见》（国办发〔2021〕14号），改革职工基本医疗保险个人账户，建立健全门诊共济保障机制。

2. 个人账户的资金来源。

个人账户资金来源于用人单位的职工个人缴纳的职工基本医疗保险费及其账户的本金产生的利息部分等。个人账户的资金归个人所有，可以结转和继承。各省根据《国务院办公厅关于建立健全职工基本医疗保险门诊共济保障机制的指导意见》（国办发〔2021〕14号），由省级医保部门会同财政部门指导统筹地区结合本地实际研究确定个人账户计入办法。资金来源如下：

（1）在职职工个人账户资金由个人缴纳的职工基本医疗保险费计入，计入标准原则上控制在本人参保缴费基数的2%，单位缴纳的职工基本医疗保险费全部计入统筹基金。

（2）退休人员个人账户资金原则上由统筹基金按定额划入，划入额度逐步调整到统筹地区根据国办发〔2021〕14号文件实施改革当年基本养老金平均水平的2%左右。

（3）个人账户资金产生的利息等收入。

3. 个人账户的管理。

用人单位和参保职工不缴纳或欠缴医疗保险费时，职工个人账户资金停止计入，个人账户的结余资金可以继续使用。个人账户主要用于支付参保人员在定点医疗机构或定点零售药店发生的政策范围内自付费用，可以用于支付参保人员本人及其配偶、父母、子女在定点医疗机构就医发生的由个人负担的医疗费用，以及在定点零售药店购买药品、医疗器械、医用耗材发生的由个人负担的费用。部分地区可将个人账户资金用于配偶、父母、子女参加城乡居民基本医疗保险等的个人缴费。个人账户不得用于公共卫生费用、体育健身或养生保健消费等不属于基本医疗保险保障范围的支出。

（七）统筹层次

提升医疗保险统筹层次，能够扩大人群统筹共济范围，增强基金抗风险能力，确保制度稳健可持续发展。国家高度重视提高基本医疗保险统筹层次工作，制度健全完善过程中，国家指导各地不断巩固提升基本医疗保险统筹层次。2021 年 9 月，《“十四五”全民医疗保障规划》（国办发〔2021〕36 号）明确提出，按照制度政策统一、基金统收统支、管理服务一体的标准，全面做实基本医疗保险市地级统筹；按照政策统一规范、基金调剂平衡、完善分级管理、强化预算考核、提升管理服务的方向，推动省级统筹；推动医疗救助统筹层次与基本医疗保险统筹层次相协调。截至 2022 年底，职工基本医疗保险已经基本实现市地级统筹；截至 2023 年底，部分省份实现省级统筹。

第三节　城乡居民基本医疗保险费

一、城乡居民基本医疗保险和城乡居民基本医疗保险费的定义

城乡居民基本医疗保险，是指对未参加职工基本医疗保险或其他医疗保障制度的全体城乡居民提供基本医疗保障的社会保险。城乡居民基本医疗保险坚持多渠道筹资，实行个人缴费与政府补助相结合为主的筹资方式，鼓励集体、单位或其他社会经济组织给予扶持或资助。

城乡居民基本医疗保险费，是指在城乡居民基本医疗保险基金筹集过程中，参加城乡居民基本医疗保险的个人缴纳的费款，包括财政部门、集体经济

组织等代参保人缴纳的费款。

二、城乡居民基本医疗保险的特点

城乡居民基本医疗保险作为我国社会保险的重要组成部分，具有以下三个方面特点。

（一）覆盖人群数量大

城乡居民基本医疗保险覆盖除职工基本医疗保险应参保人员或按规定享有其他保障的人员以外的全体城乡居民。截至2023年底，城乡居民基本医疗保险是社会保险中覆盖人群最多的险种。

（二）实行定额缴费

按照收支平衡原则，国家每年公布城乡居民人均财政补助和个人缴费的最低标准，各统筹地区根据本地医保政策调整范围和基金收支情况，充分考虑参保人身份、家庭经济状况等因素，在国家规定的标准范围内对不同人群确定不同的缴费标准。

（三）政府补贴参保

国家财政对城乡居民参加基本医疗保险按一定标准进行补贴。其中，中央财政每年通过专项转移支付方式对各地给予一定金额的补助，重点向中西部地区倾斜。财政补助的具体方案由财政部会同国家医疗保障局、民政部等部门研究确定，补助经费纳入各级政府的财政预算。

三、城乡居民基本医疗保险的发展沿革

（一）“赤脚医生”到“老农合”时期（中华人民共和国成立初期至1979年）

中华人民共和国成立初期，面向国有企业职工、国家公职人员的劳保医疗制度和公费医疗制度相继建立。但农村医疗卫生的状况较差，基本还在维持农民自费医疗的制度。

1955年农业合作化运动后，一些地区农村的干部、群众，为改变缺医少药的状况，开始探索互助共济性质的合作医疗，并开始培养自己的“赤脚医生”。

1965年6月，毛泽东在“六·二六”指示中要求卫生部“把医疗卫生工作的重点放到农村去”。指示发出后，各地培训出了很多“赤脚医生”，用一把草药、一根银针，为落后的农村地区提供了初级护理。“赤脚医生”也成了为农民提供初级医疗服务的主要力量。合作医疗方式逐步在全国推行。

1979 年 12 月，卫生部、农业部、财政部、国家医药总局、全国供销合作总社联合发布了《农村合作医疗章程（试行草案）》，使农村合作医疗进一步巩固、完善。这是第一次由政府部门发布的正式规章性文件。对 20 多年来农村合作医疗的经验进行了总结，对合作医疗作了全面、细致的政策性规定，标志着合作医疗的制度化。

（二）“老农合”到“新农合”时期（1980—2003 年）

20 世纪 70 年代末到 80 年代中期，农村经济体制发生了巨大的变化，农村合作医疗出现了严重萎缩。1996 年 12 月召开的全国卫生工作会议，强调农村合作医疗制度是一种具有中国特色的农村基本医疗保障制度，符合中国国情，符合农民愿望，要通过深化改革加以解决，使合作医疗得以坚持和发展。

2002 年 10 月，党中央、国务院发布《关于进一步加强农村卫生工作的决定》，明确提出“逐步建立新型农村合作医疗制度、对农村贫困家庭实行医疗救助、政府对农村合作医疗和医疗救助给予支持”。

2003 年 1 月，国务院办公厅转发卫生部等部门印发的《关于建立新型农村合作医疗制度意见的通知》（国办发〔2003〕3 号），提出要开展新型农村合作医疗试点。自此，针对农村户籍人口的以政府资助为主、个人适当缴费的新型农村合作医疗（即“新农合”）制度由此建立。

“新农合”是由政府组织、引导、支持，农民自愿参加，个人、集体和政府多方筹资，以大病统筹为主的农民医疗互助共济制度。

与传统农村合作医疗相比，“新农合”具有以下特征：①以家庭为单位自愿参加。传统农村合作医疗是以公社为单位自愿建立的，公社内的社员群众强制参加；“新农合”则以家庭为单位自愿参加。②筹资渠道广。传统农村合作医疗以个人缴费和集体补助为主要筹资渠道，属于农民之间的互助共济，资金来源单一；“新农合”筹资是由个人缴费、集体扶持和政府资助相结合。③保障范围大。传统农村合作医疗是以小病为主，药品和住院服务不在保障范围内；“新农合”覆盖住院服务和药品，资助解决农民大病的能力相对较强。④统筹层级高。传统农村合作医疗通常以村或乡镇为单位统筹管理；而“新农合”以县（市）为单位统筹，管理能力大幅提升，且更能发挥合作共济制度对农民大病风险的抵御作用。

（三）城镇居民基本医疗保险制度与“新农合”并存时期（2004—2015 年）

随着“新农合”试点工作的顺利推进，城镇学生、儿童等非从业城镇居民医疗问题日益突出，社会反响强烈。从 2004 年开始，部分地区开始探索建立城镇居民医疗保险制度，通过社会医疗保险来解决少年儿童等未就业居民的医疗问题，取得了较好效果。2007 年 7 月，国务院印发《关于开展城镇居民基本医疗保险试点的指导意见》（国发〔2007〕20 号），计划从 2007 年到 2009 年进行试点，2010 年在全国全面推开，逐步覆盖全体城镇非从业居民。至此，各城市均已出台相关政策并启动实施，城镇居民基本医疗保险在制度上实现了对城镇居民的全面覆盖。

（四）整合城乡居民基本医疗保险时期（2016 年至今）

"新农合"和城镇居民基本医疗保险制度建立以来，覆盖范围不断扩大，保障水平稳步提高，制度运行持续平稳，对于健全全民基本医疗保障体系、满足群众基本医疗保障需求、提高人民群众健康水平发挥了重要作用。随着经济社会快速发展，两项制度城乡分割的弊端逐步显现，重复参保、重复投入、待遇不够公平等问题日益突出。为深入推进医疗卫生体制改革、实现城乡居民公平享有基本医疗保险权益、促进社会公平正义和城乡经济社会协调发展，2016 年 1 月，在总结城镇居民基本医疗保险和"新农合"运行情况以及地方探索实践经验的基础上，国务院印发《关于整合城乡居民基本医疗保险制度的意见》（国发〔2016〕3 号），将城镇居民基本医疗保险和新型农村合作医疗保险两项制度统一为城乡居民基本医疗保险。

2018 年 3 月，中共中央印发《深化党和国家机构改革方案》，明确组建国家医疗保障局，所有医疗保险制度划归国家医疗保障局进行管理。城乡居民基本医疗保险费征管职责划转至税务部门后，社会（医疗）保险经办机构负责参保登记，税务部门负责缴费服务。各级税务机关坚持以人民为中心，扎实做好基本医疗保险费征收管理工作，缴费收入持续稳定增长，为社会保障制度的持续健康发展提供了坚实保障。

四、城乡居民基本医疗保险费的费制要素

（一）覆盖范围

2016 年 1 月 3 日，国务院印发《关于整合城乡居民基本医疗保险制度的意见》（国发〔2016〕3 号），明确城乡居民基本医疗保险制度覆盖范围包括现有城镇居民基本医疗保险和"新农合"所有应参保（合）人员，即覆盖除职工基本医疗保险应参保人员以外的其他所有城乡居民。具体包括：

1. 农村居民。①

2. 不属于城镇职工基本医疗保险制度覆盖范围的中小学阶段的学生（包括职业高中、中专、技校学生）、少年儿童和其他非从业城镇居民。②

3. 依法参加职工基本医疗保险有困难的进城务工农村居民和灵活就业人员。③

4. 新生儿、大学生以及已取得居住证的常住人口等特殊人群。④

5. 在内地（大陆）居住且办理港澳台居民居住证的未就业港澳台居民、在内地（大陆）就读的港澳台大学生。⑤

6. 持有中国《外国人永久居留证》在中国境内居住但未就业，且符合统筹地区规定的外籍人员。⑥

（二）资金筹集

1. 个人缴费。

城乡居民基本医疗保险一般采取定额缴纳方式。各地根据当地经济发展水平以及成年人和未成年人等不同人群的基本医疗消费需求，同时考虑当地居民家庭和财政负担能力，合理确定筹资水平，并随着客观情况的变化适度调整。

各统筹地区根据本地实际情况，确定具体筹资标准并划分政府和个人分担比例。年人均财政补助和个人缴费水平已达到国家规定的最低标准的地区，在确保各项待遇落实的前提下，可根据实际合理确定年筹资标准。

2. 集体扶持。

有条件的乡村集体经济组织对本地城乡居民基本医疗保险给予适当扶持。扶持城乡居民基本医疗保险的乡村集体经济组织类型、出资标准由县级人民政府确定，但集体出资部分不得向农民摊派。鼓励社会团体和个人资助城乡居民参加基本医疗保险。

3. 政府补助。

政府对城乡居民基本医疗保险予以财政补助，补助标准每年由省级医疗保

---

① 参见：《国务院办公厅转发卫生部等部门关于建立新型农村合作医疗制度意见的通知》（国办发〔2003〕3号）。

② 参见：《国务院关于开展城镇居民基本医疗试点的指导意见》（国发〔2007〕20号）。

③ 参见：《国务院关于整合城乡居民基本医疗保险制度的意见》（国发〔2016〕3号）。

④ 参见：《国家医保局 财政部 人力资源社会保障部 国家卫生健康委关于做好2018年城乡居民基本医疗保险工作的通知》（医保发〔2018〕2号）。

⑤ 参见：《香港澳门台湾居民在内地（大陆）参加社会保险暂行办法》（人力资源社会保障部令第41号）。

⑥ 参见：《中央组织部、人力资源社会保障部、公安部等25部门关于印发〈外国人在中国永久居留享有相关待遇的办法〉的通知》（人社部发〔2012〕53号）。

障部门、财政部门确定。各统筹地区可结合当地实际，确定财政补助标准，但不得低于省级医疗保障部门、财政部门规定的最低标准。

4. 资助参保。

2021 年 1 月，国家医疗保障局、民政部、财政部、国家卫生健康委、国家税务总局、银保监会、国家乡村振兴局印发《关于巩固拓展医疗保障脱贫攻坚成果有效衔接乡村振兴战略的实施意见》，为巩固拓展医疗保障脱贫攻坚成果，完善脱贫人口待遇保障政策，对特困人员给予全额资助，对低保对象给予定额资助，脱贫不稳定且纳入相关部门农村低收入人口监测范围的，过渡期内可根据实际，享受一定期限的定额资助政策。定额资助标准由各省（自治区、直辖市）确定。乡村振兴部门认定的返贫致贫人口，在 5 年过渡期内按规定享受资助参保政策。

（三）缴费标准

城乡居民基本医疗保险实行个人缴费与政府补助相结合为主的筹资方式，鼓励集体、单位或其他社会经济组织给予扶持或资助。各地要统筹考虑城乡居民医疗保险需求，按照基金收支平衡的原则，合理确定城乡统一的筹资标准。

完善筹资动态调整机制。在精算平衡的基础上，逐步建立与经济社会发展水平、各方承受能力相适应的稳定筹资机制；逐步建立个人缴费标准与城乡居民人均可支配收入相衔接的机制；合理划分政府与个人的筹资责任，在提高政府补助标准的同时，适当提高个人缴费比重。

2023 年城乡居民基本医疗保险财政补助标准为每人每年不低于 640 元，个人缴费标准为每人每年 380 元。

（四）统筹层次

全面整合城镇居民基本医疗保险和“新农合”后，国家建立起统一的城乡居民基本医疗保险，统筹层次基本实现市地级统筹。2020 年党中央、国务院印发的《关于深化医疗保障制度改革的意见》提出“鼓励有条件的省（自治区、直辖市）按照分级管理、责任共担、统筹调剂、预算考核的思路，推进省级统筹”。

第四节 生育保险费

一、生育保险和生育保险费的定义

生育保险，是指国家通过社会保险立法，对生育职工因生育而暂时中断劳动，提供必要的经济补偿和医疗保障的一项社会保险。其宗旨在于均衡不同行业男女职工生育费用负担，减轻女职工多的用人单位的人工成本，促进妇女公平就业，同时保障女职工生育期间的基本生活、医疗待遇，保护其及下一代的身体健康。

生育保险费，是指在生育保险基金的筹集过程当中，参保单位按规定缴纳的生育保险资金。

二、生育保险的发展沿革

我国生育保险制度创立于新中国成立之初，经过“文化大革命”时期的变动，其性质由国家保障转变为企业保险。随着经济体制改革，企业负担生育费用显现出一些弊端。1994 年 12 月，劳动部印发《企业职工生育保险试行办法》（劳部发〔1994〕504 号），我国生育保险重新走向社会保险道路。

（一）“国家保障”时期（1951—1968 年）

我国政府一直重视妇女的生育权益。《劳动保险条例》（1951 年 2 月 26 日政务院公布，1953 年 1 月 2 日政务院修正公布）初步建立了项目比较齐全的社会保险体系，将企业女职工的生育保险作为一个相对独立的项目，对女职工生育保险的覆盖范围、基金的征集与管理、产假及生育津贴、生育医疗服务、生育补助均作了详细和明确的规定。

相较于企业女职工的生育保险制度，机关、事业单位的女性工作人员的生育保险制度有专门规定。政务院分别于 1952 年和 1955 年发布的《关于全国各级人民政府、党派、团体及所属事业单位的国家工作人员实行公费医疗预防的指示》《关于女工作人员生产假期的通知》，规定机关、事业单位女职工的生育费用纳入公费医疗项目，由财政拨款，其基本内容和待遇标准与企业女职工基本一致。

（二）“企业保险”时期（1969 年—20 世纪 80 年代）

我国的生育保险制度在成立之初，实质上带有“国家保障”的性质，然而经过“文化大革命”时期的修改与变动，该制度由一种国家保险制度逐渐演变成为一种企业保险制度。

1969 年 2 月，财政部印发了《关于国营企业财务工作中几项制度的改革意见（草稿）》，规定由各企业自行负担生育费用及相关支出，生育保险转变为企业保险。1976 年 10 月“四人帮”被粉碎，我国经济环境开始发生转变，国家对生育保险制度开始逐步调整。改革前的生育保险制度中，女职工生育期间的费用由其所在企业负担，缺少社会统筹和调剂，造成企业之间生育费用开支相差悬殊和负担畸轻畸重。列入企业成本的各项生育费用直接成为企业平等参与市场竞争的绊脚石。同时一些企业开始出现排斥女职工的行为，甚至恶意逃避生育费用支付。

（三）“社会统筹”时期（20 世纪 80 年代—2010 年）

在 20 世纪 80 年代，一些地方政府认为实现生育保险基金社会统筹已迫在眉睫，开始探索改革的出路。截至 1994 年，全国相继有 20 个省 522 个市（县）进行了生育保险社会改革试点，但由于国家没有统一的政策出台，各地对生育费用的筹集和分担方式并不相同。进入 20 世纪 90 年代以后，生育保险社会化与普及化的呼声越来越高。1994 年 7 月颁布的《中华人民共和国劳动法》对女职工的劳动就业权和生育保险问题作出了原则性规定，为生育保险的改革与立法工作提供了法律依据。1994 年 12 月，劳动部在总结各地试点经验的基础上，制定并颁布了《企业职工生育保险试行办法》（劳部发〔1994〕504 号），明确我国生育保险的改革方向是社会统筹，该试行办法成为我国推行生育保险制度改革最基础的部门规章，也标志着我国生育保险制度发展进入一个新的阶段。

（四）统一规范时期（2010 年至今）

2010 年 10 月，《社会保险法》颁布，首次以国家法律形式对生育保险作出总括性规定，为职工特别是女职工依法享有生育保险权益提供了有力的法律保障。《社会保险法》将生育保险的覆盖范围扩大至所有用人单位和职工，从法律的层次确定了职工享有生育保险的权利，并对生育保险对象、基金筹集和待遇作出明确规定。

2015 年 10 月，中国共产党第十八届中央委员会第五次全体会议通过的《中共中央关于制定国民经济和社会发展第十三个五年规划的建议》提出要将生育保险和基本医疗保险合并实施，由此对生育保险制度的实施产生了重大影响。

2019 年 3 月，在总结各地试点经验的基础上，国务院办公厅印发《关于全面推进生育保险和职工基本医疗保险合并实施的意见》（国办发〔2019〕10 号），要求遵循保留险种、保障待遇、统一管理、降低成本的总体思路，推进生育保险和职工基本医疗保险合并实施。

近年来，国家多措并举完善和落实积极生育支持措施，生育保险覆盖面大幅扩大。

三、生育保险费的费制要素

（一）覆盖范围

生育保险的人员覆盖范围的规定依据有《社会保险法》、《企业职工生育保险试行办法》（劳部发〔1994〕504号）、《在中国境内就业的外国人参加社会保险暂行办法》（人力资源社会保障部令第16号）、《香港澳门台湾居民在内地（大陆）参加社会保险暂行办法》（人力资源社会保障部令第41号）等。

1. 所有城镇企业职工，包括男、女职工。[①]

2. 在中国境内依法注册或者登记的企业单位等组织依法招用的外国人，以及与境外雇主订立雇用合同后，被派遣到在中国境内注册或者登记的分支机构、代表机构工作的外国人。[②]

3. 合同制农民工。[③]

4. 在内地（大陆）依法注册或者登记的企业、事业单位、社会组织、有雇工的个体经济组织等用人单位依法聘用、招用的港澳台居民。[④]

2022年7月，卫生健康委等17个部门联合印发《关于进一步完善和落实积极生育支持措施的指导意见》（国卫人口发〔2022〕26号），明确提出将灵活就业人员纳入生育保险覆盖范围。

（二）缴费人

《社会保险法》规定，用人单位按照国家规定缴纳生育保险费，职工不缴纳生育保险费。

（三）缴费基数

生育保险根据“以支定收，收支基本平衡”的原则筹集资金，缴费基数为用人单位的职工工资总额。

（四）费率

生育保险费的提取比例由当地人民政府根据计划内生育人数和生育津贴、

---

① 参见：《社会保险法》第五十三条、《企业职工生育保险试行办法》（劳部发〔1994〕504号）。

② 参见：《在中国境内就业的外国人参加社会保险暂行办法》（人力资源社会保障部令第16号）。

③ 参见：《人力资源社会保障部 财政部 国务院扶贫办关于切实做好社会保险扶贫工作的意见》（人社部发〔2017〕59号）。

④ 参见：《香港澳门台湾居民在内地（大陆）参加社会保险暂行办法》（人力资源社会保障部令第41号）。

生育医疗费等项费用确定，并可根据费用支出情况适时调整，但最高不得超过工资总额的1%。

现行文件规定，各地要将基金累计结存控制在6—9个月支付额度的合理水平。生育保险基金累计结余超过9个月的统筹地区，将生育保险基金费率调整到用人单位职工工资总额的0.5%以内；基金累计结余低于3个月支付额度的，及时调整费率，具体费率由统筹地区按照“以支定收、收支基本平衡”的原则，科学测算基金支出规模后合理确定。

第五节 补充医疗保险

补充医疗保险是医疗保障制度体系的重要组成部分。2021年1月，国家医疗保障局、财政部发布的《关于建立医疗保障待遇清单制度的意见》（医保发〔2021〕5号）明确，补充医疗保险包括城乡居民大病保险、职工大额医疗费用补助（含部分省份的职工大病保险）、参照清单管理的公务员医疗补助，以及不纳入清单管理的企业补充医疗保险。补充医疗保险通常是自愿性的，可以是营利性的，也可以是非营利性的。在参加补充医疗保险之前一般要先参加基本医疗保险，目的是给参保人提供更多、更全面的医疗保障。

一、城乡居民大病保险

（一）概述

1. 定义。

城乡居民大病保险，是指在基本医疗保障的基础上，对城乡居民大病参保患者发生的符合规定的高额医疗费用给予进一步保障的一项补充医疗保险。其是基本医疗保障制度的拓展和延伸，是对城乡居民基本医疗保障的有益补充。

2. 功能定位。

建立城乡居民大病保险制度，一是减轻人民群众大病医疗费用负担，解决因病致贫、因病返贫问题的迫切需要；二是建立健全多层次医疗保障体系，推进全民医保制度建设的内在要求；三是推动医保、医疗、医药互联互动，并促进政府主导与市场机制作用相结合，提高基本医疗保障水平和质量的有效途径；四是进一步体现互助共济，促进社会公平正义的重要举措。

3. 发展沿革。

2012 年 8 月，国家发展改革委、卫生部、财政部、人力资源社会保障部、民政部、保监会发布《关于开展城乡居民大病保险工作的指导意见》（发改社会〔2012〕2605 号），指出随着全民医保体系的初步建立，人民群众看病就医有了基本保障，但人民群众对大病医疗费用负担重反映仍较强烈。该指导意见提出要建立城乡居民大病保险制度，在基本医疗保障的基础上，对大病患者发生的高额医疗费用给予进一步保障；要求各省、区、市、新疆生产建设兵团在国家确定的原则下，结合当地实际，制定开展大病保险的具体方案。

大病保险试点以来，推动了医保、医疗、医药联动改革，促进了政府主导与发挥市场机制作用相结合，提高了基本医疗保障管理水平和运行效率，有力缓解了因病致贫、因病返贫问题。2015 年 7 月，为加快推进大病保险制度建设，筑牢全民基本医疗保障网底，让更多的人民群众受益，国务院办公厅发布《关于全面实施城乡居民大病保险的意见》（国办发〔2015〕57 号），城乡居民大病保险制度全面实施。

（二）费制要素

1. 保障对象。

城乡居民大病保险是对城乡居民基本医疗保险制度的补充，保障对象为城乡居民基本医疗保险制度的参保人。

2. 资金来源。

城乡居民大病保险资金可以从城乡居民基本医疗保险基金中划出一定比例或额度作为大病保险资金。城乡居民基本医疗保险基金有结余的地区，利用结余筹集大病保险资金；结余不足或没有结余的地区，在年度筹集的基金中予以安排。

3. 承办方式。

城乡居民大病保险原则上通过政府招标选定商业保险机构作为承办方，政府履行资金监管职责。

4. 统筹层次。

城乡居民大病保险原则上实行地市级统筹，鼓励省级统筹或全省（自治区、直辖市）统一政策、统一组织实施，提高抗风险能力。

二、职工大额医疗费用补助

（一）概述

1. 定义。

职工大额医疗费用补助（含部分省份的职工大病保险），是指对参保职工发生的符合规定的高额医疗费用给予进一步保障的补充医疗保险制度。

2. 功能定位。

基本医疗保险有起付标准和最高支付限额的规定，一般职工基本医疗保险的最高支付限额原则上不低于当地职工年平均工资的6倍。对于参加职工基本医疗保险人员超过由统筹基金支付最高限额的医疗费用，国家建立职工大额医疗费用补助制度，对于进一步提高参保患者医疗费用的报销比例，减轻患重病、大病家庭的医疗费用支出，具有重要作用。

3. 发展沿革。

1998年12月，国务院印发《关于建立城镇职工基本医疗保险制度的决定》（国发〔1998〕44号），提出对超过最高支付限额的医疗费用，可以通过商业医疗保险等途径解决。2020年2月，党中央、国务院印发《关于深化医疗保障制度改革的意见》，提出完善和规范职工大额医疗费用补助。2021年1月，国家医保局、财政部印发《关于建立医疗保障待遇清单制度的意见》（医保发〔2021〕5号），明确补充医疗保险包括职工大额医疗费用补助（含部分省份的职工大病保险），对参保职工发生的符合规定的高额医疗费用给予进一步保障。各地按照国家的指导意见，在建立城镇职工基本医疗保险制度的同时，结合本地实际实施职工大额医疗费用补助（或职工大病保险）政策。

（二）费制要素

1. 覆盖范围。

职工大额医疗费用补助是对职工基本医疗保险制度的补充，覆盖范围一般为参加职工基本医疗保险的用人单位及其职工。

2. 缴费人。

参加职工基本医疗保险的用人单位及其职工同时参加大额医疗费用补助，由用人单位及其职工分别缴费，职工缴费部分由用人单位代扣代缴。灵活就业人员和退休人员参加职工大额医疗费用补助一般由个人缴费。

3. 基金筹集。

职工大额医疗费用补助基金一般按照"以收定支、收支平衡"的原则筹集。职工大额医疗费用补助一般采取定额方式，由用人单位及其职工按年或按月缴费，缴费额度由各统筹区自行规定。

缴费人数一般为上年或上月用人单位参加职工基本医疗保险的人数。

具体缴费标准由统筹区医疗保险行政部门根据实际支出情况，对大额医疗保险费率、支付标准、最高支付限额作相应调整。

4. 权益记录。

职工大额医疗费用补助一般不建立个人账户，用人单位和参保人员个人缴纳的职工大额医疗费用补助费全部用于建立统筹基金。职工大额医疗费用补助支付范围一般同职工基本医疗保险统筹基金支付的范围一样。

5. 统筹层次。

职工大额医疗费用补助的统筹层次一般与职工基本医疗保险的统筹层次一致，多为地市级统筹，也有部分地区为市县级统筹。

三、国家公务员医疗补助

(一) 概述

1. 定义。

国家公务员医疗补助，是指在职工基本医疗保险制度的基础上，对参保国家公务员发生的符合规定的高额医疗费用给予进一步补充医疗保障的制度。

2. 功能定位。

国家公务员医疗补助是为了保障国家公务员参加基本医疗保险后，原有的公费医疗待遇水平不降低，而按照原来公费医疗资金渠道给予适当补助。

3. 发展沿革。

公费医疗制度是对机关和事业单位工作人员实行的免费治疗和疾病预防的一种医疗保障制度。

1952 年 6 月，政务院颁布《关于全国各级人民政府、党派、团体及所属事业单位的国家工作人员实行公费医疗预防的指示》，明确对各级政府、党派、团体及所属事业单位的国家工作人员，实行公费医疗制度。公费医疗经费来源于各级财政拨款，长期以来，为保障国家公务员身体健康发挥了重要作用。

1998 年 12 月，国务院颁布《关于建立城镇职工基本医疗保险制度的决定》（国发〔1998〕44 号），决定在全国范围内进行城镇职工医疗保险制度改革，规定城镇所有用人单位，包括机关和事业单位及其职工，都要参加基本医疗保险，同时规定国家公务员在参加基本医疗保险的基础上，享受医疗补助政策。

2000 年 5 月，《国务院办公厅转发劳动保障部 财政部关于实行国家公务员医疗补助意见的通知》（国办发〔2000〕37 号）发布，明确实行国家公务员医疗补助是在城镇职工基本医疗保险制度基础上对国家公务员的补充医疗保障。

（二）费制要素

1. 覆盖范围。

国家公务员医疗补助是对职工基本医疗保险制度的补充，覆盖范围一般为参加职工基本医疗保险制度的国家公务员。具体包括：

（1）符合《国家公务员暂行条例》和《国家公务员制度实施方案》规定的国家行政机关工作人员和退休人员；①

（2）经有权机关批准列入依照国家公务员制度管理的事业单位的工作人员和退休人员；②

（3）经有权机关批准列入参照国家公务员制度管理的党群机关，人大、政协机关，各民主党派和工商联机关以及列入参照国家公务员管理的其他单位机关工作人员和退休人员；③

（4）审判机关、检察机关的工作人员和退休人员。④

2. 经费来源。

公务员医疗补助由财政资金拨付。按财政管理体制，医疗补助经费由同级财政部门列入当年财政预算，具体筹资标准应根据原公费医疗的实际支出、基本医疗保险的筹资水平和财政承受能力等情况合理确定。医疗补助经费专款专用、单独建账、单独管理，与基本医疗保险基金分开核算。

3. 经费使用。

医疗补助经费主要用于：基本医疗保险统筹基金最高支付限额以上，符合基本医疗保险用药、诊疗范围和医疗服务设施标准的医疗费用补助；在基

---

①②③④参见：《国务院办公厅转发劳动保障部 财政部关于实行国家公务员医疗补助意见的通知》（国办发〔2000〕37 号）。

本医疗保险支付范围内，个人自付超过一定数额的医疗费用补助；中央和省级人民政府规定享受医疗照顾的人员，在就诊、住院时按规定补助的医疗费用。补助经费的具体使用办法和补助标准，由各地按照收支平衡的原则作出规定。

四、企业补充医疗保险

（一）概述

1. 定义。

企业补充医疗保险，是指企业在参加基本医疗保险的基础上，国家给予政策鼓励，由企业自主参加的一种补充性医疗保险。

2002 年 5 月，财政部、劳动和社会保障部联合发布《关于企业补充医疗保险有关问题的通知》（财社〔2002〕18 号），规定企业可在按规定参加当地基本医疗保险的基础上，建立补充医疗保险，用于对城镇职工基本医疗保险制度支付以外由职工个人负担的医药费用进行的适当补助，减轻参保职工的医药费负担。

2. 功能定位。

企业补充医疗保险用于企业按规定参加当地基本医疗保险后，对职工基本医疗保险制度支付待遇以外，由职工个人负担的医药费用的适当补助，以此减轻参保职工的医疗费负担。

（二）具体规定

1. 保障对象。

按规定参加各项社会保险并按时足额缴纳社会保险费的企业，可自主决定是否建立补充医疗保险。

2. 资金来源。

企业使用自有资金选择参加商业保险公司的补充医疗保险项目，企业可直接从成本中列支，不再经同级财政部门审批。

3. 管理要求。

企业补充医疗保险办法应与当地基本医疗保险制度相衔接。企业补充医疗保险资金由企业或行业集中使用和管理，单独建账，单独管理，用于本企业个人负担较重职工和退休人员的医药费补助，不得划入基本医疗保险个人账户，也不得另行建立个人账户或变相用于职工其他方面的开支。

企业补充医疗保险未纳入国家医疗保障待遇清单管理机制，由企业结合自身职工情况自行选择保险项目、保障水平和经办方式等。

本章思考题

1. 基本医疗保险与补充医疗保险有什么联系与区别？
2. 城乡居民大病保险如何与基本医疗保险衔接？
3. 如何实现不同补充医疗保险项目之间的有效衔接，避免保障不足或重复保障？
4. 职工基本医疗保险费的缴费基数如何确定？
5. 城乡居民基本医疗保险的覆盖范围包括哪些人员？
6. 城乡居民基本医疗保险费用筹集来源有哪些？
7. 生育保险与医疗保险有什么联系与区别？
8. 如何通过完善生育保险制度减轻多孩家庭生育负担？

第四章　失业保险费

【学习目标】本章主要介绍我国失业保险费相关政策。通过本章学习，了解失业保险的定义、特点、功能、发展沿革等，掌握我国失业保险费的覆盖范围、缴费人、缴费基数、费率、应缴费额、权益记录、统筹层次等费制要素。

第一节　失业保险费概述

失业是一种社会经济现象。失业保险随着失业现象的出现而产生，是社会保障体系的重要组成部分，是社会保险的重要项目之一。目前，世界上有70多个国家和地区建立了失业保险制度。中华人民共和国成立之初，便建立了失业救济制度。我国失业保险制度实施以来，在经济、政治和社会生活各个方面都发挥了积极作用。特别是《失业保险条例》（国务院令第258号）颁布施行后，失业保险覆盖面不断扩大，失业保险基金承受能力显著增强，在保生活、防失业和促就业中的作用越来越明显。

一、失业保险和失业保险费的定义

失业保险，是指国家为因失业而暂时失去工资收入的社会成员提供物质帮助，以保障失业人员的基本生活，维持劳动力的再生产，为失业人员重新就业创造条件的一项社会保险。

失业保险主要保障结构性失业和周期性失业，这两种失业类型持续时间长，与整体经济特征联系密切，失业者完全依靠自身很难再就业。失业保险主要包含三层含义。

1. 失业保险的核心是社会建立失业保险基金，分散职工劳动风险，使处于失业状态的劳动者生活获得基本保障。

2. 失业保险是针对企业破产风险一旦发生或者劳动者在市场竞争中被淘汰，保险责任发生效力的保障行为。

3. 失业保险对失业者提供的基本生活保障具有法定时限，超过一定时限不再属于失业保险保障范围。

失业保险费，是指在失业保险基金筹集过程中，用人单位及其职工按照社会保险相关制度规定共同缴纳的社会保险费。失业保险费是失业保险基金的最主要来源。享受失业保险待遇者要依法参加失业保险，且履行缴费义务并符合法定条件。

二、失业保险的特点

失业保险除了具有社会保险的强制性、互济性和普遍性等共同特征，还具有风险差异性、功能多重性、待遇短期性、运行周期性的特点。这里主要介绍失业保险的个性特点。

（一）风险差异性

不同于其他用于化解劳动能力丧失或暂时丧失时收入损失风险的社会保险，失业保险化解的是失业风险，是劳动者在仍具有劳动能力的条件下失去劳动机会的风险。

（二）功能多重性

失业保险具有保生活、防失业、促就业“三位一体”的功能，既保障失业者的基本生活，又通过失业保险稳岗返还、一次性留工培训补助、职业培训补贴、技能提升补贴等措施有效地预防失业和促进就业。

（三）待遇短期性

失业保险属于短期待遇，领取失业保险金的期限最长为24个月。给付失业保险金必须确定期限，对超过期限仍未就业的，可以通过发放失业补助金等其他措施给予帮助。

（四）运行周期性

与经济运行呈周期性变化一样，失业保险也具有周期性的特征。失业保险基金的征缴、发放规模等伴随着经济的变化呈周期性变动，经济运行良好时，失业率会下降，缴纳失业保险费的人多，领取失业保险金的人少，失业保险基金收多支少，经济衰退时则相反。

三、失业保险的功能

（一）保生活

失业保险基金通过发放失业保险金、失业补助金、失业农民工一次性生活补助、为失业人员代缴基本医疗保险费等多种待遇，保障了因失业而暂时中断生活来源的失业人员的基本生活。

（二）防失业

国家实施失业保险稳岗返还政策，对面临暂时性生产经营困难且恢复有望、坚持不裁员或少裁员的参保企业，返还这些企业已缴纳的一部分失业保险费，所需费用从失业保险基金中列支。稳岗返还、一次性留工培训补贴等举措为企业纾困解难，稳定就业岗位发挥了重要作用。

（三）促就业

党的二十大报告指出就业是最基本的民生。国家实施招用毕业年度高校毕业生一次性扩岗补助等政策，鼓励企业吸纳大学生就业，缓解大学生就业难的问题。同时还实施失业保险支持技能提升补贴，激励和引导广大参保职工提高职业技能，提高就业竞争力，增强就业稳定性。通过培训补贴，培养一支知识型、技能型、创新型的劳动大军，缓解企业技能人才短缺的结构性矛盾，从源头上减少失业，充分发挥失业保险促进再就业的作用。

第二节　失业保险发展沿革

我国失业保险制度的建立经历了一个由失业救济到待业保险，再到失业保险的历史演变过程。

一、失业救济制度时期（1949—1956 年）

新中国成立初期，面临千疮百孔的国民经济和大量失业人员，1950 年 6 月政务院批准劳动部公布《救济失业工人暂行办法》，救济失业工人基金来源之一是单位和职工缴费。规定所有国营、私营的工厂、作坊、商店的行政方面或者资方，均须按月缴纳所付实际工资总额的 1%，这些企业及码头运输等事业单位的在业工人和职工，亦应按月缴纳所得实际工资的 1%。这是新中国首个覆盖全国的社会保障政策，保障了旧中国遗留的470多万失业人员的基本生活，并很快解决了就业问题。这一制度对妥善安置失业工人，稳定社会，促进国民经济的恢复和发展起到重要作用。

随着计划经济体制的建立和“统包统配”就业制度的实施，“失业”暂时退出了历史舞台。1956年5月，经国务院批准，劳动部、内务部发出通知，停止征收失业救济基金，失业救济制度完成阶段性历史使命。

二、待业保险制度时期（1986—1998年）

改革开放后，与经济体制改革同步，就业制度也进行了改革，失业问题重新显现。1986年7月，国务院颁布《国营企业职工待业保险暂行规定》（国发〔1986〕77号），在我国首次建立了企业职工待业保险制度，虽然使用的是“待业”的概念，但实际上成为我国失业保险制度的开端。该政策适用于宣告破产的企业职工，濒临破产的企业法定整顿期间被精减的职工，企业终止、解除劳动合同的工人，企业辞退的职工四类待业人员。实行社会统筹模式，改变以往由各个企业“自保”的模式，通过建立待业保险基金，采取互助共济的办法分散企业的风险。基金来源于企业按照其全部职工标准工资总额的1%缴纳的待业保险基金（缴纳所得税前列支）和职工待业保险基金存入银行后，由银行按照国家规定支付的利息和地方财政补贴。基金主要来源是单位缴费，个人不用缴费，基金省级统筹使用，明确了以地方为主的管理责权，并指出了省级统筹的方向。

1993年4月，国务院对《国营企业职工待业保险暂行规定》进行了修订，发布了《国有企业职工待业保险规定》（国务院令第110号，以下简称《待业保险规定》），对原有政策作了充实和部分调整。一是进一步扩大了待业保险的覆盖范围，待业职工范围从4类变为7类，增加了按照国家有关规定被撤销、解散企业的职工，按照国家有关规定停产整顿企业被精减的职工，依照法律、法规规定或者按照省、自治区、直辖市人民政府规定享受待业保险的其他职工。二是将缴费基数由企业全部职工标准工资总额改为工资总额，并对费率规定了一个幅度，企业按照全部职工工资总额的0.6%缴纳待业保险费。待业保险基金不足或者结余较多的，经省、自治区、直辖市人民政府决定，可以适当增加或者减少企业缴纳的待业保险费，但企业缴纳的待业保险费总额最多不得超过企业职工工资总额的1%。三是将基金省级统筹改为市、县统筹，并规定在省和自治区建立调剂金。

上述两个国务院规定的执行，既推动了企业改革的深化，也建立了失业保险制度的雏形。但这一时期制度也存在着不足之处：

一是覆盖面较窄，前述保险的覆盖面还停留在待业职工；二是待遇水平低，待业保险保障生活水平低，仅限于满足基本生活，替代率不够；三是制度强制性弱，缴费全由雇主负担，个人不缴费且个人重视程度不高，存在一定依赖性；四是统筹层次低，统筹层次从省级降至市县级，基金抗风险能力减弱。

三、失业保险法制化时期（1999 年至今）

1999 年 1 月，国务院颁布《失业保险条例》，是我国失业保险制度由不规范走向比较规范，从计划走向市场的重要标志，标志着适应社会主义市场经济体制和市场化就业机制的失业保险制度正式建立。《失业保险条例》与 1993 年《待业保险规定》相比，有以下几个方面的重要变化：一是扩大了失业保险的覆盖范围，在 1993 年《待业保险规定》规定的待业保险范围基础上扩大到城镇所有企业和事业单位；二是改变了失业保险基金来源，在单位缴费和政府补贴的基础上，增加了职工个人缴费；三是提高了失业保险筹资标准，将企业缴费费率由 0.6%—1%提高到 2%，并增加了 1%的个人缴费，同时增加了关于事业单位缴费的规定；四是提高了失业保险基金的统筹层次，由县级统筹提高到地市级统筹，并建立了省级失业保险调剂金制度。2010 年 10 月，《社会保险法》颁布，对失业保险作出了专章规定，进一步明确了失业保险的法律地位。

党的十八大以来，人力资源社会保障部会同有关部门陆续出台关于扩大失业保险保障范围、阶段性降低失业保险费率、跨省转移接续、待遇发放、稳岗返还以及提高统筹层次等系列政策性文件，推进了失业保险法制化进程。

第三节 失业保险费费制要素

一、覆盖范围

《失业保险条例》规定了失业保险的覆盖范围，《在中国境内就业的外国人参加社会保险暂行办法》（人力资源社会保障部令第 16 号）、《香港澳门台湾居民在内地（大陆）参加社会保险暂行办法》（人力资源社会保障部令第41号）对失业保险的覆盖范围进行了补充。

（一）应参加人员

城镇企业事业单位、城镇企业事业单位职工。①

其中，城镇企业是指国有企业、城镇集体企业、外商投资企业、城镇私营企业以及其他城镇企业。

（二）可以参加人员

省、自治区、直辖市人民政府根据当地实际情况，可以决定失业保险适用于本行政区域内的社会团体及其专职人员、民办非企业单位及其职工、有雇工的城镇个体工商户雇工及其雇工。②

（三）灵活就业人员

1. 灵活就业人员参加失业保险的规定。

为支持新就业形态发展，2017年4月，《国务院关于做好当前和今后一段时期就业创业工作的意见》（国发〔2017〕28号）指出，要完善适应新就业形态特点的用工和社会保险等制度，探索适应灵活就业人员的失业、工伤保险保障方式。

2. 部分地区灵活就业人员参加失业保险试点情况。

截至2023年底，我国尚未建立统一的灵活就业人员参加失业保险制度，仅有部分地区试点将灵活就业人员纳入失业保险覆盖范围，其中，以北京、广东等地推出的试点政策较具代表性。

1999年1月，《北京市劳动局关于下发〈北京市个体劳动者、自由职业人员参加社会保险试行办法〉的通知》（京劳险发〔1999〕8号），明确具有本市城镇户口的个体劳动者、自由职业人员可参加北京市失业保险，并享受相应的待遇。

2021年12月，广东省出台了《广东省灵活就业人员参加失业保险办法（试行）》（粤人社规〔2021〕31号），有效期2年。2023年12月，再次出台《广东省灵活就业人员参加失业保险办法》（粤人社规〔2023〕22号），自2024年1月1日起施行，有效期2年。覆盖范围为法定劳动年龄内在广东省从业的下列人员：依托电子商务、网络约车、网络送餐、快递物流等新业态平台实现

① 参见：《失业保险条例》第二条。
② 参见：《失业保险条例》第三十二条。

就业，但未与平台或机构等相关企业建立劳动关系的人员，以及无雇工的个体工商户等。

（四）特殊情况

符合与中国签订双边或者多边社会保险协定规定的外国人，其参加社会保险的办法按照协议规定办理。[①]

已在香港、澳门、台湾参加当地社会保险，并继续保留社会保险关系的港澳台居民，可以持相关授权机构出具的证明，不在内地（大陆）参加失业保险。[②]

城镇企业事业单位招用的农民合同制工人本人不缴纳失业保险费。[③]

部分地区为完善覆盖城乡劳动者的失业保险制度，进一步提高失业保险保障水平，陆续出台统一城乡失业保险政策，农民合同制工人与城镇职工同等缴纳失业保险费，同等享受失业保险待遇。

二、缴费人

《社会保险法》第四十四条规定，职工应当参加失业保险，由用人单位和职工按照国家规定共同缴纳失业保险费。因此，用人单位和职工个人都是失业保险缴费人。

三、缴费基数

（一）单位缴费基数

用人单位的缴费基数为本单位工资总额。实践中，大部分省市失业保险和养老保险目前执行相同的缴费基数。

（二）职工个人缴费基数

职工个人缴费基数为本人工资。实践中，大部分省市失业保险和企业职工基本养老保险执行相同的缴费基数，且失业保险采用企业职工养老保险对个人缴费基数上下限的规定。

部分地区将灵活就业人员纳入失业保险覆盖范围，例如，北京自2021年1月起，个人委托存档并参加社会保险的本市灵活就业人员，可按照1%的费率缴纳

---

① 参见：《在中国境内就业的外国人参加社会保险暂行办法》（人力资源社会保障部令第16号）。

② 参见：《香港澳门台湾居民在内地（大陆）参加社会保险暂行办法》（人力资源社会保障部令第41号）。

③ 参见：《失业保险条例》第六条。

失业保险费，缴费基数可以在企业职工养老保险缴费下限和上限之间适当选择。[①]

四、费率

（一）法规规定

城镇企业事业单位按照本单位工资总额的2%缴纳失业保险费。城镇企业事业单位职工按照本人工资的1%缴纳失业保险。[②]

省、自治区、直辖市人民政府根据本行政区域失业人员数量和失业保险基金数额，报经国务院批准，可以适当调整本行政区域失业保险费的费率。

（二）现行费率规定

2015年以来，国家先后多次降低或阶段性降低失业保险费率，现行失业保险总费率为1%。2024年4月，人力资源社会保障部、财政部、国家税务总局印发《关于延续实施失业保险援企稳岗政策的通知》（人社部发〔2024〕40号），规定阶段性降低失业保险费率至1%的政策延续实施一年，执行期限延至2025年12月31日。具体降率政策情况见表4-1。

表4-1　　失业保险降率政策情况表

出台时间	政策内容	文件名称
2015年2月	从2015年3月1日起，失业保险费率暂由现行条例规定的3%降至2%，单位和个人缴费的具体比例由各省、自治区、直辖市人民政府确定。在省、自治区、直辖市行政区域内，单位及职工的费率应当统一	《人力资源社会保障部 财政部关于调整失业保险费率的通知》（人社部发〔2015〕24号）
2016年4月	从2016年5月1日起，失业保险总费率在2015年已降低1个百分点基础上可以阶段性降至1%—1.5%，其中个人费率不超过0.5%，降低费率的期限暂按2年执行。具体方案由各省（区、市）确定	《人力资源社会保障部 财政部关于阶段性降低社会保险费率的通知》（人社部发〔2016〕36号）
2017年2月	从2017年1月1日起，失业保险总费率为1.5%的省（区、市），可以将总费率降至1%，降低费率的期限执行至2018年4月30日。在省（区、市）行政区域内，单位及个人的费率应当统一，个人费率不得超过单位费率。具体方案由各省（区、市）研究确定	《人力资源社会保障部 财政部关于阶段性降低失业保险费率有关问题的通知》（人社部发〔2017〕14号）

① 参见：《北京市人力资源和社会保障局关于印发〈北京市人力资源社会保障局支持多渠道灵活就业实施办法〉的通知》（京人社就发〔2020〕19号）。

② 参见：《失业保险条例》第六条。

续表

出台时间	政策内容	文件名称
2018年4月	自2018年5月1日起，按照《人力资源社会保障部财政部关于阶段性降低失业保险费率有关问题的通知》（人社部发〔2017〕14号）实施失业保险总费率1%的省（区、市），延长阶段性降低费率的期限至2019年4月30日	《人力资源社会保障部 财政部关于继续阶段性降低社会保险费率的通知》（人社部发〔2018〕25号）
2019年4月	自2019年5月1日起，实施失业保险总费率1%的省，延长阶段性降低失业保险费率的期限至2020年4月30日	《国务院办公厅关于印发降低社会保险费率综合方案的通知》（国办发〔2019〕13号）
2019年12月	阶段性降低失业保险费率、工伤保险费率的政策，实施期限延长至2021年4月30日	《国务院关于进一步做好稳就业工作的意见》（国发〔2019〕28号）
2021年2月	阶段性降低失业保险、工伤保险费率政策2021年4月30日到期后，延续实施1年至2022年4月30日	人力资源社会保障部办公厅、财政部办公厅、国家税务总局办公厅印发的有关通知
2022年4月	延续实施阶段性降低失业保险、工伤保险费率政策1年，执行期限至2023年4月30日	《人力资源社会保障部 财政部 国家税务总局关于做好失业保险稳岗位提技能防失业工作的通知》（人社部发〔2022〕23号）
2023年3月	自2023年5月1日起，继续实施阶段性降低失业保险费率至1%的政策，实施期限延长至2024年底。在省（区、市）行政区域内，单位及个人的费率应当统一，个人费率不得超过单位费率	《人力资源社会保障部 财政部 国家税务总局关于阶段性降低失业保险、工伤保险费率有关问题的通知》（人社部发〔2023〕19号）
2024年4月	延续实施阶段性降费率政策。阶段性降低失业保险费率至1%的政策延续实施一年，执行期限至2025年12月31日	《人力资源社会保障部 财政部 国家税务总局关于延续实施失业保险援企稳岗政策的通知》（人社部发〔2024〕40号）

五、应缴费额

失业保险费的应缴费额为缴费基数与费率之积。

单位应缴费额＝单位缴费基数×单位缴费费率

职工个人应缴费额＝职工个人缴费基数×职工个人缴费费率

六、权益记录

失业保险个人缴费记录，记录职工个人基本信息和缴费信息，作为失业人员领取失业保险金资格和待遇期限的重要依据。

职工个人基本信息的内容包括：单位编号、单位名称、单位类型、姓名、性别、出生年月、社会保障号码（或公民身份证号码）、户口所在地、用工形式、参加失业保险时间等。

缴费信息的内容包括：职工个人缴费起始时间、职工个人与单位缴费情况等，是否记载个人缴费金额。各地可根据实际需要和技术条件自行决定。对农民合同制工人，只记录单位缴费情况。缴费情况应每年汇总一次。[①]

七、统筹层次

《失业保险条例》第七条规定，失业保险基金在直辖市和设区的市实行全市统筹，其他地区的统筹层次由省、自治区人民政府规定。《社会保险法》第六十四条规定，其他社会保险基金逐步实行省级统筹，具体时间、步骤由国务院规定。2019 年 9 月，人力资源社会保障部、财政部、国家税务总局联合发布《关于失业保险基金省级统筹的指导意见》（人社部发〔2019〕95 号），要求加快省级统筹进程。2022 年 4 月，人力资源社会保障部、财政部、国家税务总局印发推进失业保险省级统筹有关工作的通知。党的二十大报告提出，推动基本医疗保险、失业保险、工伤保险省级统筹。2023 年底，失业保险省级统筹全面实现。

本章思考题

1. 新时代下，如何深化失业保险改革？
2. 如何探索建立适应新就业形态劳动者参加失业保险制度的方法路径？

---

① 参见：《劳动和社会保障部关于建立失业保险个人缴费记录的通知》（劳社部函〔2002〕69 号）。

第五章　工伤保险费

【学习目标】本章主要介绍我国工伤保险费相关政策。通过本章学习，了解工伤保险的定义、分类、特点、基本原则、发展沿革等，掌握我国工伤保险费的覆盖范围、缴费人、缴费基数、费率、应缴费额、统筹层次等费制要素。

第一节　工伤保险费概述

工伤保险是世界上最早建立和发展起来的社会保险制度，也是大多数国家最早建立的社会保险险种之一，其覆盖范围广，保障力度强，是社会保障体系的重要组成部分，对于保障经济健康顺利发展有着十分重要的作用。1884 年 7 月，德国俾斯麦政府颁布世界上第一部工伤保险立法——《工伤事故保险法》，随后欧洲各国纷纷效仿。进入 20 世纪，美洲、亚洲等地区的国家陆续建立工伤保险制度。截至 2023 年底，全球约有 200 个国家和地区建立了不同模式的工伤保险制度。我国在 2003 年 4 月颁布《工伤保险条例》（国务院令第 375 号），标志着我国工伤保险制度走上法制化的轨道。

一、工伤保险和工伤保险费的定义

工伤保险，是指由用人单位缴纳工伤保险费，对劳动者因工作原因遭受意外伤害或者职业病，从而造成死亡、暂时或者永久丧失劳动能力时，给予职工及其相关人员工伤保险待遇的一项社会保险。

工伤保险费，是指在工伤保险基金筹集过程中，用人单位按照社会保险相关制度规定缴纳的社会保险费，用于解决职业群体受到职业伤害，依法享受工伤待遇的资金需要。工伤保险费是工伤保险基金的最主要来源。

二、工伤保险的分类

目前，世界上实行工伤保险的国家大体可分为 3 种类型：雇主责任保险类型、建立公共基金的社会保险类型以及混合型即两种制度并存的类型。

（一）雇主责任保险类型

不建立专项基金，由国家法令规定雇主对工伤雇员及其遗属给予符合标准的补偿，分两种形式实现：一是受伤的雇员或遗属直接向雇主索赔，雇主根据法律规定向他们直接支付赔偿费用；二是雇主通过商业保险公司为雇员投保，工伤雇员获得商业保险赔偿，保险公司根据工伤事故发生情况或根据工作风险程度收取伤害保险费。

（二）建立公共基金的社会保险类型

由政府或法定机构组织，建立公共基金，实行基金社会统筹。工伤保险基金可以是一般社会保险基金的组成部分，也可以是单独的。多数国家实行这种类型，我国的工伤保险也属于这一类型。

（三）混合类型

混合类型即以上两种保险制度并存的类型。

三、工伤保险的特点

工伤保险除了具有社会保险共性的特点，还有补偿性和事故预防与职业康复性的特点。这里主要介绍工伤保险的个性特点。

（一）补偿性

补偿性，是指在绝大多数国家，工伤保险费用不实行分担方式，全部费用由用人单位缴纳，劳动者个人不缴纳。

（二）事故预防与职业康复性

事故预防与职业康复性，是因为现代工伤保险已不仅限于对工伤职工给予工伤补偿，而是把它与工伤补偿、职业康复和工伤预防紧密结合起来，以便更好地发挥其在维护劳动者权益、社会稳定、保护和促进生产力发展方面的积极作用。

四、工伤保险的基本原则

(一) 无责任补偿

无责任补偿原则又称为无过失补偿原则。一方面，无论职业伤害责任属于雇主或者其他人甚至是受害者本人，受害者都应该得到必要的补偿；另一方面，这种补偿责任不应完全由雇主承担，而应由国家的社会保险承担。这既可以及时、公正地保障工伤待遇，又可以简化法律程序，提高效率，使雇主从工伤赔偿的官司中解脱出来，集中精力搞好生产经营。

(二) 风险共担

风险共担是所有社会保险的共同原则。通过立法，强制征收社会保险费，建立起工伤保险基金，采取互助互济的办法分担风险。在待遇分配上，国家责成社会保险机构对保险费用实行再分配。在分配使用保险基金的过程中，可以考虑不同地区之间、不同行业之间以及不同人员之间的相互调剂，风险共担，从而减轻某些地区、行业或企业因工伤事故、职业病导致的沉重负担。

(三) 个人不缴费

其他社会保险的险种，如养老保险、医疗保险、失业保险，个人需要缴纳保险费，但工伤保险是典型的雇主责任险，由雇主（用人单位）缴纳，不要求个人缴费。

(四) 区分因工和非因工

工伤保险是社会保险体系的一个独立险种。在制定工伤保险法律法规时，必须确定工伤保险的实施范围，规定工伤和非工伤的政策界限。由于职业伤害与工作或职业有直接关系，工伤保险待遇具有补偿和保障性质，享受者的医疗康复待遇、伤残待遇、死亡抚恤待遇等均比其他保险优厚。因病或非因工伤亡与工作的直接关系不明显，救济性质和待遇水平低于工伤待遇，二者不容混淆，因此享受工伤保险待遇的前提是区别因工和非因工。

(五) 补偿与预防、康复相结合

工伤补偿、工伤预防与工伤康复三者密切相连。工伤预防是最基本的，政府致力于采取各种措施减少事故。工伤事故发生后，应立即对受伤者予以医治并给予经济补偿，使受伤害者能够得到及时救治，同时使其（或家庭）生活得到一定保障。还要及时对受伤害者进行医学康复及职业康复，使其尽可能恢复或部分恢复劳动能力，能够具备从事某种职业的能力。

（六）一次性补偿与长期补偿相结合

因工部分或完全永久性丧失劳动能力的职工或是因工伤亡的职工，本人或遗属在得到补偿时，一般享受一次性支付补偿待遇。此外，对一些伤残者及工亡职工所供养的遗属，可享受长期待遇项目，该待遇可持续到其失去供养条件为止。

（七）确定劳动能力鉴定等级

工伤保险待遇是根据劳动能力鉴定等级分类确定的，通过专门的鉴定机构和人员，对职工的劳动能力进行鉴定，依据职工的伤残程度，给予不同标准的待遇。

（八）保障与赔偿相结合

社会保险制度的一项基本原则就是保障原则，即当劳动者在部分或完全丧失劳动能力时，对其给予物质上的必要保证，使他们能够继续享有基本的生活水平，以保证劳动力扩大再生产和社会稳定。此外，工伤保险还具有补偿（赔偿）性，这是与其他社会保险的显著区别。劳动力是有价值的，在生产过程中，劳动力受到损害，理应对这种损害给予赔偿。

第二节 工伤保险发展沿革

新中国成立后，我国开始建立全国统一的工伤保险制度，大致可以分为三个阶段。

一、工伤补偿制度建立和实施时期（1949—1976年）

1951年2月，政务院颁布了《劳动保险条例》，规定由企业缴费建立劳动保险基金，用于支付相关待遇。这是我国第一部包括了养老、工伤、工亡遗属等社会保险在内的全国性统一法规，也是中国工伤保险制度的起点。

1957年2月，卫生部制定和颁布了《职业病范围和职业病患者处理办法的规定》，明确将危害职工健康的14种疾病列为职业病。这一规定填补了《劳动保险条例》的一项空白。

1966—1976年的“文化大革命”期间，工伤保险和整个社会保险体系遭到严重的破坏，社会统筹互济的劳动保险制度被终止执行，企业职工遭受工伤或罹患职业病，由企业按规定支付相关待遇，工伤保险由“国家保险”退化为“企业保险”。

二、工伤保险制度改革和实践时期（1977—2002 年）

“文化大革命”结束后，工伤保险领域同退休养老、医疗保障一样，首先是恢复和适当完善被“十年动乱”破坏的制度。同时随着计划经济体制向社会主义市场经济体制转轨，为分散职业伤害风险并为企业创造平等竞争的环境，开始探索重建社会保险基金统筹制度。

1977 年 12 月，轻工业部、财政部、国家劳动总局发布的《关于手工业合作工厂劳动保险福利待遇标准和劳保费用列支问题的通知》，以及后续集体所有制交通企业等参照、比照实行的劳动保险制度，并不限于退休退职，也包括工伤等待遇，这实际上是扩大了劳动保险的实施范围。1980 年 3 月，国家劳动总局、全国总工会印发《关于整顿与加强劳动保险工作的通知》，强调建立劳动鉴定委员会，确定病、伤职工的休假、复工、定残工作；加强对残废职工和因工死亡职工遗属的管理工作；进一步明确因工负伤治疗与疗养期间的费用支出以及工伤补助和抚恤标准等。

1987 年，卫生部、劳动人事部、财政部、全国总工会颁布了新的《职业病范围和职业病患者处理办法的规定》，把 102 种疾病列入职业病范围。

1996 年 8 月，劳动部在总结历史和各地经验的基础上，颁布《企业职工工伤保险试行办法》（劳部发〔1996〕266 号），扩大了覆盖范围，突破了以往“全民企业执行、集体企业参照”的局限，把覆盖面扩大到各类企业及全体职工，到企业实习的大中专院校学生也参照执行。首次提出了制定和严格执行差别费率和浮动费率，由当地劳动行政部门根据伤亡事故和职业病的统计及统筹费用进行测算。平均工伤保险费率一般不超过工资总额的 1%。浮动的幅度是本行业基准费率的 5%—40%，通过工伤保险费率的浮动机制促进安全生产和工伤、职业病的预防。

三、工伤保险制度法制化时期（2003 年至今）

2003 年 4 月，国务院颁布《工伤保险条例》，标志着我国工伤保险制度建设进入法制化轨道。2010 年 10 月，《社会保险法》正式颁布，对工伤保险作出了专章规定，进一步明确了工伤保险的法律地位。2010 年 12 月，国务院发布

《关于修改〈工伤保险条例〉的决定》，对《工伤保险条例》进行了修订完善，标志着我国工伤保险法律体系的基本形成。条例修订内容主要是扩大了工伤保险适用范围，调整扩大了工伤认定范围，简化了工伤认定程序，大幅提高了工伤保险待遇，增加了基金支出项目，加大了工伤保险的强制力度。

党的十八大以来，人力资源社会保障部会同有关部门陆续出台调整工伤保险费率、扩大工伤保险保障范围、提高统筹层次等系列政策性文件，推进了工伤保险法制化进程。

第三节　工伤保险费费制要素

一、覆盖范围

（一）应参加人员

我国境内的企业、事业单位、社会团体、民办非企业单位、基金会、律师事务所、会计师事务所等组织和有雇工的个体工商户的全部职工或者雇工。①

我国工伤保险制度建立以来，覆盖范围逐步扩大。从 2022 年起，公务员已全部纳入工伤保险范围。

（二）特殊情况

1. 达到或超过法定退休年龄，但未办理退休手续或者未依法享受城镇职工基本养老保险待遇，继续在原用人单位工作期间受到事故伤害或患职业病的，用人单位依法承担工伤保险责任。

用人单位招用已经达到、超过法定退休年龄或已经领取城镇职工基本养老保险待遇的人员，在用工期间因工作原因受到事故伤害或患职业病的，如招用单位已按项目参保等方式为其缴纳工伤保险费的，应适用《工伤保险条例》。

2. 职工在两个或两个以上用人单位同时就业的，每个用人单位都应当为该职工缴纳工伤保险费。

二、缴费人

《社会保险法》第三十三条规定，职工应当参加工伤保险，由用人单位缴纳

---

① 参见：《工伤保险条例》第二条。

工伤保险费，职工不缴纳工伤保险费。因此，用人单位是工伤保险缴费义务人。

三、缴费基数

根据《工伤保险条例》的规定，用人单位应当按照本单位职工工资总额确定缴费基数。

工伤保险没有明确的缴费基数上下限规定，实际执行中大多数统筹地区一般采用和企业职工基本养老保险缴费基数相同的上下限规定。

四、费率

我国工伤保险实行行业差别费率和浮动费率制度。

（一）行业差别费率

国家根据不同行业的工伤风险程度确定行业的差别费率，并根据工伤保险费使用、工伤发生率等情况在每个行业内确定若干费率档次。国民经济行业种类繁多，各行业职业风险程度差别很大。虽然工伤保险采取基金统筹互济模式，但如果对各行业实行相同的费率，让低风险行业长期承担高风险行业负担，将有失公平。行业差别费率是工伤保险费率确定的基础。行业差别费率使用人单位的缴费与所述行业风险程度、事故发生频率相挂钩。

2015 年 7 月，《人力资源社会保障部 财政部关于调整工伤保险费率政策的通知》（人社部发〔2015〕71 号）按照《国民经济行业分类》（GB/T 4754—2011）对行业的划分，根据不同行业的工伤风险程度，由低到高，依次将行业工伤风险类别划分为一类至八类。各行业工伤风险类别对应的全国工伤保险行业基准费率，一类至八类分别控制在该行业用人单位职工工资总额的 0.2%、0.4%、0.7%、0.9%、1.1%、1.3%、1.6%、1.9%左右。

工伤保险行业风险分类见表 5-1。

表 5-1　　工伤保险行业风险分类表

行业类别及基准费率	行业名称
一类 0.2%	软件和信息技术服务业，货币金融服务，资本市场服务，保险业，其他金融业，科技推广和应用服务业，社会工作，广播、电视、电影和影视录音制作业，中国共产党机关，国家机构，人民政协、民主党派，社会保障，群众团体、社会团体和其他成员组织，基层群众自治组织，国际组织

续表

行业类别及基准费率	行业名称
二类 0.4%	批发业，零售业，仓储业，邮政业，住宿业，餐饮业，电信、广播电视和卫星传输服务，互联网和相关服务，房地产业，租赁业，商务服务业，研究和试验发展，专业技术服务业，居民服务业，其他服务业，教育，卫生，新闻和出版业，文化艺术业
三类 0.7%	农副食品加工业，食品制造业，酒、饮料和精制茶制造业，烟草制品业，纺织业，木材加工和木、竹、藤、棕、草制品业，文教、工美、体育和娱乐用品制造业，计算机、通信和其他电子设备制造业，仪器仪表制造业，其他制造业，水的生产和供应业，机动车、电子产品和日用产品修理业，水利管理业，生态保护和环境治理业，公共设施管理业，娱乐业
四类 0.9%	农业，畜牧业，农、林、牧、渔服务业，纺织服装、服饰业，皮革、毛皮、羽毛及其制品和制鞋业，印刷和记录媒介复制业，医药制造业，化学纤维制造业，橡胶和塑料制品业，金属制品业，通用设备制造业，专用设备制造业，汽车制造业，铁路、船舶、航空航天和其他运输设备制造业，电气机械和器材制造业，废弃资源综合利用业，金属制品、机械和设备修理业，电力、热力生产和供应业，燃气生产和供应业，铁路运输业，航空运输业，管道运输业，体育
五类 1.1%	林业，开采辅助活动，家具制造业，造纸和纸制品业，建筑安装业，建筑装饰和其他建筑业，道路运输业，水上运输业，装卸搬运和运输代理业
六类 1.3%	渔业，化学原料和化学制品制造业，非金属矿物制品业，黑色金属冶炼和压延加工业，有色金属冶炼和压延加工业，房屋建筑业，土木工程建筑业
七类 1.6%	石油和天然气开采业，其他采矿业，石油加工、炼焦和核燃料加工业
八类 1.9%	煤炭开采和洗选业，黑色金属矿采选业，有色金属矿采选业，非金属矿采选业

（二）浮动费率

浮动费率，是指在行业差别费率的基础上根据企业在一定时期内安全生产状况和工伤保险费用支出情况，在评估基础上，定期对企业费率给予浮动的办法。

同一行业中各单位实际发生的工伤事故多少和严重程度是不同的。为了实现我国工伤保险由偏重补偿到预防、补偿和康复相结合的转变，促进工伤预防，我国在实行行业差别费率的基础上，根据用人单位工伤保险出现情况、工伤保险基金使用情况、工伤发生率等因素实行浮动费率。通过费率浮动的办法确定每个行业内的费率档次如下：

一类行业分为三个档次，即在基准费率的基础上，可向上浮动至120%、150%。

二类至八类行业分为五个档次，即在基准费率的基础上，可分别向上浮动至 120%、150%或向下浮动至 80%、50%。

（三）费率的确定

工伤保险费率的确定，先根据用人单位的市场主体登记行业类别，确定用人单位的行业风险类别、工伤保险行业基准费率，再根据单位出险情况确定浮动费率。

1. 基准费率的确定。

各统筹地区人力资源社会保障部门会同财政等部门，按照“以支定收、收支平衡”的原则，确定本地区工伤保险行业基准费率具体标准，并征求工会组织、用人单位代表的意见，报统筹地区人民政府批准后实施。基准费率的具体标准可根据统筹地区经济产业结构变动、工伤保险基金使用等情况适时调整。

2. 用人单位费率的确定。

统筹地区社会保险经办机构根据用人单位工伤保险费使用、工伤发生率、职业病危害程度等因素，确定其工伤保险费率，并可依据上述因素变化情况，每 1—3 年确定其在所属行业不同费率档次间是否浮动。对符合浮动条件的用人单位，每次可上下浮动一档或两档。统筹地区工伤保险最低费率不低于本地区一类风险行业基准费率。

（四）特殊情况

建筑施工企业、小型服务企业、小型矿山企业等部分行业企业，难以直接按照工资总额计算缴纳工伤保险费，《部分行业企业工伤保险费缴纳办法》（人力资源和社会保障部令第 10 号）规定了其缴纳工伤保险费的具体方式。

1. 建筑施工企业可以实行以建筑施工项目为单位，按照项目工程总造价的一定比例，计算缴纳工伤保险费。

2. 商贸、餐饮、住宿、美容美发、洗浴以及文体娱乐等小型服务业企业以及有雇工的个体工商户，可以按照营业面积的大小核定应参保人数，按照所在统筹地区上一年度职工月平均工资的一定比例和相应的费率，计算缴纳工伤保险费；也可以按照营业额的一定比例计算缴纳工伤保险费。

3. 小型矿山企业可以按照总产量、吨矿工资含量和相应的费率计算缴纳工伤保险费。

（五）现行费率政策

2015 年以来，国家先后多次阶段性降低工伤保险费率。2015 年 6 月 24

日，国务院常务会议指出，适当降低社会保险费率，从当年10月1日起，将工伤保险平均费率由1%降至0.75%，后续国家出台了一系列阶段性降费政策，见表5-2。

表5-2　　工伤保险降率政策情况表

出台时间	政策内容	文件名称
2016年4月	从2016年5月1日起，继续贯彻落实国务院2015年关于降低工伤保险平均费率0.25个百分点的决定和有关政策规定	《人力资源社会保障部 财政部关于阶段性降低社会保险费率的通知》（人社部发〔2016〕36号）
2018年4月	自2018年5月1日起，在保持八类费率总体稳定的基础上，工伤保险基金累计结余可支付月数在18（含）—23个月的统筹地区，可以现行费率为基础下调20%；累计结余可支付月数在24个月（含）以上的统筹地区，可以现行费率为基础下调50%。降低费率的期限暂执行至2019年4月30日。下调费率期间，统筹地区工伤保险基金累计结余达到合理支付月数范围的，停止下调。具体方案由各省（区、市）研究确定	《人力资源社会保障部 财政部关于继续阶段性降低社会保险费率的通知》（人社部发〔2018〕25号）
2019年4月	自2019年5月1日起，延长阶段性降低工伤保险费率的期限至2020年4月30日，工伤保险基金累计结余可支付月数在18—23个月的统筹地区可以现行费率为基础下调20%，累计结余可支付月数在24个月以上的统筹地区可以现行费率为基础下调50%	《国务院办公厅关于印发降低社会保险费率综合方案的通知》（国办发〔2019〕13号）
2019年12月	阶段性降低失业保险费率、工伤保险费率的政策，实施期限延长至2021年4月30日	《国务院关于进一步做好稳就业工作的意见》（国发〔2019〕28号）
2021年2月	阶段性降低失业保险、工伤保险费率政策2021年4月30日到期后，延续实施1年至2022年4月30日	人力资源社会保障部办公厅、财政部办公厅、国家税务总局办公厅印发的有关通知
2022年4月	延续实施阶段性降低失业保险、工伤保险费率政策1年，执行期限至2023年4月30日	《人力资源社会保障部 财政部 国家税务总局关于做好失业保险稳岗位提技能防失业工作的通知》（人社部发〔2022〕23号）
2023年3月	自2023年5月1日起，按照《国务院办公厅关于印发降低社会保险费率综合方案的通知》（国办发〔2019〕13号）有关实施条件，继续实施阶段性降低工伤保险费率政策，实施期限延长至2024年底	《人力资源社会保障部 财政部 国家税务总局关于阶段性降低失业保险、工伤保险费率有关问题的通知》（人社部发〔2023〕19号）
2024年3月	工伤保险阶段性降费政策执行期限延长至2025年12月31日	人力资源社会保障部办公厅、财政部办公厅、国家税务总局办公厅印发的有关通知

五、应缴费额

用人单位应缴的工伤保险费=缴费基数×费率

【案例】用人单位缴纳工伤保险费额的计算

2022年A省甲企业是工伤保险费三类行业，缴费基数为84392元。浮动费率为下浮一个档次。该省工伤保险为省级统筹，基金累计结余可支付月数为28个月。根据以上条件，请计算2023年7月甲企业缴费额。

分析：

甲企业为三类行业，基准费率为0.7%，浮动费率下浮至80%，所在省工伤保险基金累计结余可支付月数在24个月以上，按照《人力资源社会保障部 财政部 国家税务总局关于阶段性降低失业保险、工伤保险费率有关问题的通知》（人社部发〔2023〕19号）规定，工伤保险费率以现行费率为基础下调50%，因此甲企业工伤保险费率=0.7%×80%×50%=0.28%。

应缴工伤保险费额=缴费基数×费率=84392×0.28%=236.30（元）

六、统筹层次

2019年9月，人力资源社会保障部办公厅印发《关于加快推进工伤保险基金省级统筹工作的通知》（人社厅函〔2019〕164号），明确推进工伤保险基金省级统筹。此后，又陆续出台相关文件予以规定。2022年12月，人力资源社会保障部、财政部、国家税务总局印发通知，要求进一步推进完善工伤保险省级统筹制度。自2024年1月1日起，工伤保险省级统筹全面实现。

本章思考题

1. 简述我国工伤保险实行的行业差别比例费率和浮动费率制度是如何规定的。
2. 浅谈下一步工伤保险改革的方向。

第六章　社会保险制度最新发展

【学习目标】本章主要介绍社会保险制度的最新发展：新就业形态人员职业伤害保障试点制度（以下简称职业伤害保障）和长期护理保险制度。通过本章学习，应初步了解职业伤害保障、长期护理保险的概念、政策背景、功能定位及重要意义；掌握试点的目标、试点范围、缴费主体、缴费标准、应缴费额、征收期限等费制要素基本内容。

第一节　职业伤害保障

一、政策出台背景

近年来，以互联网平台为代表的新模式、新业态迅速发展，依托互联网平台就业的网约配送员、网约车驾驶员、货车司机、互联网营销师等新就业形态人员快速增加，对我国就业增长作出了积极贡献。但平台企业呈现雇佣关系"去组织化"、用工薪酬支付"个体化"、收入利润"隐匿化"等特征，对正常用工秩序、社保秩序带来一定冲击。

我国现行职工各项社会保险制度以劳动关系和属地原则为基础设计，而新就业形态人员的就业形式具有非全日制、临时性、阶段性和弹性工作时间等特点，决定了他们与平台企业的弱从属性，导致新就业形态人员在参保缴费上面临着就业地与户籍地分离、劳动关系认定困难、权利义务不对等、参保缴费比例偏低等诸多问题，这种"非完全劳动关系"不符合签订劳动合同的条件，从业者无法纳入现行工伤保险保障范围，出现事故后职业伤害权益往往得不到保障，社会舆情屡发。

党中央、国务院高度重视新就业形态人员职业伤害保障问题。2021 年 2 月，习近平总书记在第十九届中共中央政治局第二十八次集体学习时强调，

“要健全农民工、灵活就业人员、新业态就业人员参加社会保险制度”。2021年4月，习近平总书记在广西调研考察期间明确指出，“要完善多渠道灵活就业的社会保障制度，维护好卡车司机、快递小哥、外卖配送员的合法权益”。2022年10月，党的二十大报告提出，“要完善劳动者权益保障制度，加强灵活就业和新就业形态劳动者权益保障”。2023年3月，李强总理提出“支持和规范发展新就业形态”。党的二十届三中全会指出，“健全灵活就业人员、农民工、新就业形态人员社保制度”。

为支持和规范发展新就业形态，保障新就业形态人员合法权益，有关部门持续开展调查研究，积极推动职业伤害保障试点工作。经国务院同意，2021年12月，人力资源社会保障部、国家发展改革委、财政部、交通运输部、商务部、国家税务总局等10部门印发了《关于开展新就业形态就业人员职业伤害保障试点工作的通知》（人社部发〔2021〕110号）并附《新就业形态就业人员职业伤害保障办法（试行）》（以下简称《职业伤害保障办法》），以促进多渠道灵活就业为根本，以健全新就业形态人员参加社会保险制度为主线，加快推进职业伤害保障试点，创新职业伤害保障试点政策。

二、职业伤害保障的定义

职业伤害保障是为了保障遭受职业伤害的新就业形态人员获得医疗救治和经济补偿，加强职业伤害预防，分散平台企业职业伤害风险，促进平台经济规范健康发展而设立的制度。职业伤害保障是一项具有社会保险属性的新险种，在工伤保险制度框架下解决职业伤害保障不平衡不充分的问题。

职业伤害保障费是国家通过制度性规定实行的，由平台企业按照相关规定缴纳，用于支付新就业形态人员职业伤害的各项待遇支出和劳动能力鉴定费用的资金。职业伤害保障费标准根据“以支定收、收支平衡”的原则确定。

职业伤害保障试点目标是以社会关注度较大、职业伤害风险较高的出行、外卖、即时配送和同城货运行业为重点，通过分行业分地区先行试点，逐步健全新就业形态人员参加社会保险制度，不断增强人民群众的获得感、幸福感、安全感。

三、职业伤害保障与工伤保险比较

职业伤害保障制度与传统工伤保险制度既有联系，又有区别。

（一）从性质上看

职业伤害保障制度与工伤保险制度均属于社会保险。职业伤害保障在职业伤害确认与劳动能力鉴定、保障待遇等方面参照现行工伤保险制度的框架建立和实施，是由政府主导的社会保险制度。

（二）从保障范围看

职业伤害保障制度与工伤保险制度分别适用不同的群体。职业伤害保障主要针对无法参加现行工伤保险制度的新就业形态人员，此类人员一般无劳动关系或者劳动关系模糊。工伤保险主要针对建立在劳动关系的基础上，与用人单位签订劳动合同的劳动者。

（三）从征收依据看

职业伤害保障费与工伤保险费的计征方式不同，职业伤害保障费以平台企业的总单量为基础，按一定的标准计征；工伤保险费按照用人单位的工资总额的一定比例计征。

（四）从征管方式看

工伤保险费征管普遍适用属地管理原则，用人单位向所在地税务机关申报缴纳工伤保险费。职业伤害保障费通过全国信息平台信息统一归集参保登记，平台单量、申报缴费等信息，采取平台企业"按日报送、全国集中、总部申报、分省入库"的征管模式。

四、费制要素

（一）覆盖范围

职业伤害保障首批试点覆盖4个行业，涉及7个试点地区和7家平台企业，试点时间2年。可以归纳为"四七七二"。即：4个行业，试点工作以社会关注度较大、职业伤害风险较高的出行、外卖、即时配送和同城货运行业为重点。7个地区，试点在北京、上海、江苏、广东（含深圳）、海南、重庆、四川7省市开展。7家企业，参与试点平台企业为曹操出行、美团、饿了么、达达、闪送、货拉拉、快狗打车7家。2年试点，试点工作自2022年开始，为期2年，由人力资源社会保障部、财政部、国家税务总局负责组织实施，税务机关负责职业伤害保障费征收工作。

试点省市可根据自身实际，逐步将本区域内上述行业其他平台企业纳入试点范围。

（二）缴费人

《职业伤害保障办法》第二条规定，平台企业应当依照该办法规定参加新就业形态人员职业伤害保障，为通过平台注册并接单，以平台企业名义提供出行、外卖、即时配送和同城货运等劳动并获得报酬或者收入的新就业形态人员缴纳职业伤害保障费，实现每单必保，每人必保。平台企业是新就业形态职业伤害保障缴费人。

（三）缴费基准额

国家根据不同行业的职业伤害风险程度确定行业的缴费基准额。试行期间，出行、外卖、即时配送和同城货运暂按每单 0.04 元、0.06 元、0.04 元和 0.2 元执行。试点期间，人力资源社会保障部会同有关部门根据收支情况，适时对缴费基准额进行调整，确保待遇足额发放。

省级经办机构根据职业伤害保障费使用、职业伤害发生率等情况，可在平台企业所属行业缴费基准额的基础上适当浮动（上下浮动不超过 50%），确定本地区不同平台企业的缴费标准。

（四）应缴费额计算

职业伤害保障费的缴费金额为平台企业在统筹地区上月总单量与省级经办机构确定的每单缴费标准之积。

（五）基金管理

平台企业缴纳的职业伤害保障费及其利息收入纳入工伤保险基金统一管理，在工伤保障基金中单独设立职业伤害保障收入科目。职业伤害保障费先缴入国库再划转至省级社会保障基金财政专户。

第二节　长期护理保险

一、政策出台背景

建立长期护理保险制度是国际上积极应对人口老龄化、缓解医疗资源紧张、弥补照护服务不足的典型做法，在较早进入老龄化社会的荷兰、德国、以色列、日本、韩国等国家，均得到了较好的发展。进入 21 世纪后，我国人口老龄化逐渐加速，因年老带来的长期失能人员急剧增多、家庭照护能力不足等问题日趋突出，长期护理保险制度在我国也随之产生并得到发展。

2006年12月，党中央、国务院在《关于全面加强人口和计划生育工作统筹解决人口问题的决定》（中发〔2006〕22号）中，首次提出“探索建立长期护理保险制度”。2011年12月，国务院办公厅颁布《社会养老服务体系建设规划（2011—2015年）》（国办发〔2011〕60号），提出中国社会养老服务体系的建设已经具备坚实的社会基础。2014年8月，国务院颁布了《加快发展现代保险服务业的若干意见》（国发〔2014〕29号），提出发展商业性长期护理保险。2015年，“十三五”规划提出建立以居家为基础、社区为依托、机构为补充的多层次养老服务体系，《中华人民共和国老年人权益保障法（2015）》为推进长期护理工作提供了法律层面的支持。

2016年6月，人力资源社会保障部办公厅印发了《关于开展长期护理保险制度试点的指导意见》（人社厅发〔2016〕80号，以下简称《长护险试点意见》），正式开始了我国的长期护理保险制度试点。

我国探索建立长期护理保险制度，是应对人口老龄化、促进社会经济发展的战略举措，是实现共享发展改革成果的重大民生工程，是健全社会保障体系的重要制度安排。建立长期护理保险制度，有利于保障失能人员基本生活权益，提升他们体面和有尊严的生活质量，弘扬中国传统文化美德；有利于增进人民福祉，促进社会公平正义，维护社会稳定；有利于促进养老服务产业发展和拓展护理从业人员就业渠道。

二、长期护理保险及长期护理保险费的定义

长期以来，理论界对长期护理保险（Long-Term Care Insurance，LTCI）并没有统一的概念界定。《长护险试点意见》规定，长期护理保险是以社会互助共济方式筹集资金，为长期失能人员的基本生活照料和与基本生活密切相关的医疗护理提供资金或服务保障的社会保险制度。

长期护理保险费，是指在长期护理保险基金的筹集过程当中，参保单位、参保人员按规定缴纳的长期护理保险资金。长期护理保险费是长期护理保险基金的来源之一。

三、政策制度

（一）保障范围

试点阶段从职工基本医疗保险参保人群起步，重点解决重度失能人员基本

护理保障需求，优先保障符合条件的失能老年人、重度残疾人。有条件的地方可随试点探索深入，综合考虑经济发展水平、资金筹集能力和保障需要等因素，逐步扩大参保对象范围，调整保障范围。

（二）资金筹集

探索建立互助共济、责任共担的多渠道筹资机制。科学测算基本护理服务相应的资金需求，合理确定本统筹地区年度筹资总额。筹资以单位和个人缴费为主，单位和个人缴费原则上按同比例分担，其中单位缴费基数为职工工资总额，个人缴费基数为本人工资收入。有条件的地方可探索通过财政等其他筹资渠道，对特殊困难退休职工缴费给予适当资助。

（三）待遇支付

长期护理保险基金主要用于支付符合规定的机构和人员提供基本护理服务所发生的费用。经医疗机构或康复机构规范诊疗、失能状态持续 6 个月以上，经申请通过评估认定的失能参保人员，可按规定享受相关待遇。

四、发展沿革

我国的长期护理保险经历了制度探索期、制度试点期和制度规范期三个阶段。

（一）制度探索期（2012—2015 年）

2012 年，青岛市在全国率先建立“长期医疗护理保险制度”；2013 年，上海市开始试点“高龄老人医疗护理计划”；2015 年，长春市建立“失能人员医疗照护保险制度”；同年，南通市出台“基本照护保险办法”。总体来看，这一时期对长期护理保险的认识定位、制度命名、功能特征各有不同，探索的自主性较强。

（二）制度试点期（2016 年至今）

2016 年 6 月，人力资源社会保障部办公厅印发《关于开展长期护理保险制度试点的指导意见》（人社厅发〔2016〕80 号），确定重庆市、安庆市、齐齐哈尔市、上饶市、广州市、苏州市、承德市、荆门市、石河子市、成都市、上海市、宁波市等 12 个试点城市以及国家试点联系省份吉林省 5 个市、山东省 15 个市开展长期护理保险制度的第一阶段试点。

2020 年 9 月，在首批试点城市的经验基础上，经国务院同意，国家医疗保障局、财政部联合印发《关于扩大长期护理保险制度试点的指导意见》（医保发〔2020〕37 号，以下简称《扩大长护险试点意见》)，着眼于建立独立险种，制定了长期护理保险制度的顶层设计，指出了扩大试点的目标任务及配套措施，并对筹资、待遇等关键政策进行了明确，新增了北京市石景山区、天津市、晋城市、呼和浩特市、盘锦市、福州市、开封市、湘潭市、南宁市、黔西南布依族苗族自治州、昆明市、汉中市、甘南藏族自治州、乌鲁木齐市等 14 个试点城市，开始了长期护理保险制度的第二阶段试点。

2021 年 7 月，国家医疗保障局办公室、民政部办公厅发布《长期护理失能等级评估标准（试行）》(医保办发〔2021〕37 号)，2023 年 12 月，国家医保局、财政部印发《长期护理保险失能等级评估管理办法（试行）》(医保发〔2023〕29 号)，促进了“失能评估”这一长护险核心标准在全国的公平统一，使长期护理保险制度试点阶段各地碎片化的制度趋于统一与规范。

五、费制要素

（一）覆盖范围

《长护险试点意见》规定，试点阶段，长期护理保险制度原则上主要覆盖职工基本医疗保险参保人群。试点地区可根据自身实际，随制度探索完善，综合平衡资金筹集和保障需要等因素，合理确定参保范围并逐步扩大。《扩大长护险试点意见》指出，有条件的地方可随试点探索深入，综合考虑经济发展水平、资金筹集能力和保障需要等因素，逐步扩大参保对象范围，调整保障范围。

长期护理保险分为职工长期护理保险和城乡居民长期护理保险。各试点地区中，有的城市先覆盖城镇职工基本医疗保险参保人员，即先试点推行职工长期护理保险；有的城市在开展试点之初即将参加职工基本医疗保险和城乡居民基本医疗保险的人员全部纳入参保范围，即同时试点推行职工长期护理保险和城乡居民长期护理保险。无论哪种方式，只有参加了基本医疗保险制度的缴费人才是长期护理保险的参保人群。

（二）筹资方式

各试点城市积极探索建立互助共济、责任共担的多渠道筹资机制，在试点起步阶段，医保基金划转和个人账户代扣代缴成为当前职工长期护理保险筹资的主要渠道；财政补助和个人实际缴费成为当前居民长期护理保险筹资的主要渠道。

（三）计费方式与筹资标准

1. 比例计费。职工长期护理保险缴费基本一般以职工基本医疗保险缴费基数为准，缴费标准一般为医保缴费基数的0.15%—0.5%。居民长期护理保险缴费基数各地差异较大，有以医保缴费基数为准，也有以全市居民上年度人均可支配收入、上年度在岗职工平均工资作为缴费基数，缴费标准一般为0.05%—0.24%。

2. 定额计费。即确定一个每月或每年的固定金额作为缴费标准。职工长期护理保险定额缴费标准各地差异较大，最低为每人每年40元，个别地区最高达到每人每年240元。居民长期护理保险定额缴费标准一般为每人每年12—90元。

3. “定额+比例”相结合方式计费。部分地区在确定缴费标准时，对职工长期护理保险采取按比例计费的方式，对居民长期护理保险采取定额计费的方式。

4. 其他方式。个别地区还采用医保基金按季度或按年一次性划转方式筹集长期护理保险基金，如上海、苏州等地。上海市、苏州市按照职工和居民每人每年固定标准按季或按年从医保基金中一次性划转。

本章思考题

1. 请简述我国职业伤害保障首批试点的覆盖范围、缴费主体、缴费标准、应缴费额的计算方法。
2. 请简述职业伤害保障和工伤保障制度的异同。
3. 为什么“医保基金划转”和“财政补助”是职工长期护理保险和居民长期护理保险在起步阶段除个人缴费以外的主要筹资渠道？
4. 你认为长期护理保险在起步阶段之后应如何确定缴费标准、缴费比例和缴费渠道？

第七章　社会保险费征缴及统计核算

【学习目标】本章主要介绍社会保险费征缴及统计核算相关内容，包含我国社会保险费征收体制改革、现行征缴规定、社会保险费征缴争议、社会保险费统计核算等几个部分。通过本章学习，熟悉我国关于社会保险费征收体制改革的历程和现行社会保险费征缴制度安排，从登记、申报、缴纳征收和争议处理等多角度掌握我国社会保险费的征缴管理相关规定，同时系统性了解社会保险费统计核算相关概念及指标体系。通过对社会保险费的征缴进行脉络化梳理，为进一步研究社会保险费征缴制度提供参考借鉴。

第一节　社会保险费征收体制

纵观世界各国，社会保险费既有税务部门负责征收的，也有社保部门负责征收的。不管哪个部门征收，各国均建立了较为规范的社会保险税（费）征管法律制度体系。2018 年 3 月，中共中央印发《深化党和国家机构改革方案》，明确为提高社会保险资金征管效率，将基本养老保险费、基本医疗保险费、失业保险费等各项社会保险费交由税务部门统一征收。《社会保险法》《社会保险费征缴暂行条例》明确了社会保险登记、申报、缴纳征收等征管服务要求，是社会保险费征缴工作的主要依据。

一、社会保险费征收体制概述

社会保险费收入是社会保险事业的主要资金来源，不仅关系到社会保险制度的有效运行，也关系到政府是否能够很好地保障人民群众的基本生活。《社会保险法》第五十九条明确规定，县级以上人民政府加强社会保险费的征收工作。此规定意在明确政府的相关责任，保障社会保险费征收机构按时足额征收社会保险费，从而为确保社会保险待遇发放提供强有力的资金支持。

社会保险费征收体制，是为规范包括基本养老保险费、基本医疗保险费、工伤保险费、失业保险费、生育保险费等在内的各类社会保险费的征缴，加强社会保险费的管理和保障社会保险待遇的发放而专门建立的制度。该制度既与具体的社会保险险种制度结合，又独立于这些具体的制度。社会保险费征收体制的建立，是我国社会保险制度的基础建设，对于培育和促进各种社会保险制度的建立和发展具有十分重要的意义。

现代社会保险制度建立以来，各国社会保险费征收体制不断发展、逐渐成熟，经历了一个不断演变的过程：初期，由于大部分国家实行现收现付制，社会保险费传统上由社会保障部门负责征收；从20世纪三四十年代开始，一些发达国家开始转由税务机关征收；进入20世纪90年代以来，中东欧一些转型国家随着经济改革不断深入，也出现了由税务机关征收的发展趋势。截至2023年末，各国社会保险费征收体制主要有以下三种类型：一是税务部门征收，二是社会保障部门征收，三是基金管理公司、行业协会等第三方独立机构征收[①]。

（一）税务部门征收

适用此类征收体制的国家，社会保险制度普遍具有全民覆盖的特点，社会保险费明显具有类似税收的性质，由税务部门负责社会保险费征收更为高效，主要集中在北欧国家、中北美国家以及部分中东欧国家。例如：美国实行社会保险“缴税制”筹资体制，社会保障税作为工薪税的一部分，由国内收入局（Internal Revenue Service，IRS）负责征收并单独纳入国家预算管理，财政部将保费汇集后，按照规定比例分别计入各个社会保险项目账户，国家社会保障总署负责参保者的注册手续和待遇支付工作；巴西社会保障税由巴西联邦税务局（Receita Federal do Brasil，RFB）负责征收；英国社会保障税由英国税务海关总署（Her Majesty's Revenue and Customs，HMRC）负责征收。

（二）社会保障部门征收

适用此类征收体制的地区，以传统的就业关联型社会保险计划为主。税务部门和社会保障部门在社会保险费征收的功能上几乎没有交叉，税务部门负责征收税款，社会保障部门负责征收社会保险费。例如：新西兰社会保障费由新西兰社会发展部下属的工作和服务收入组（Service Line Work and Income，SLWI）负责征收；阿根廷社会保障费由联邦公共收入管理局（Federal Adminis-

---

① 郑秉文，房连泉．社会保障供款征缴体制的国际比较与中国改革的思考［J］．公共管理学报，2007.

tration of Public Revenue，FAPR）负责征收；比利时除工伤保险以外，其他社会保险费都委托给国家社会保障办公室（Rijksdienst voor Sociale Zekerheid，RSZ）征收，该部门将缴费资金汇集后，再划拨给各社保管理部门。

（三）第三方独立机构征收

以拉美国家、部分欧洲国家为代表，社会保险基金管理公司、行业协会等既是征收主体，也是基金营运主体。例如：法国为民间自治征收联盟，称为“社会保险和家庭补助征收联合会”（Union de Recouvrement des cotisations de Sécurité Sociale et d'Allocations Familiales，URSSAF）。该机构受国家劳工部和国家社会事务部的监督，由来自工会、政府和雇主的各方代表成员参与管理，主要任务是征收、管理社会保险费以及处理征收过程中的起诉案件等。

二、我国社会保险费征收体制历史沿革

（一）银行代收劳动保险金时期（1951—1983 年）

1951 年 2 月，《劳动保险条例》的颁布标志着我国社会保险制度的起步。企业须按月向中华全国总工会指定的国家银行缴纳劳动保险金，保险对象为城镇企业职工，但职工个人不负担任何社会保险费用。计划经济体制下，国家对企业的经济活动实行直接控管，银行严密控管企业单位的经济活动和资金运行，在很大程度上承担着政府赋予的监管企业的行政职能，在广覆盖和强制性等方面无疑具有相当的优势，所以当时劳动保险金的筹集由银行负责代扣。

（二）社会保险经办机构征收社会保险费时期（1984—1994 年）

根据计划经济体制向市场经济转轨的需要，党中央、国务院适时提出了城镇企业养老保险制度改革的要求。1984 年，江苏无锡等部分地区开始试行国有企业职工退休费用社会统筹，建立工人养老保险基金，并实行企业支付与个人缴费相结合的方式，此时还是实行银行代扣模式，资金存入专户。从 1986 年起，国家开始逐步建立统一的企业职工养老保险制度和失业保险制度，对养老保险基金和失业保险基金实行社会统筹，社会保险费用由国家、单位和个人共同负担。按照向市场经济转轨的要求，银行逐渐还原其金融企业的本来身份，原承担的监管企业经济活动的行政职能随之消失，通过银行代扣社会保险费已不现实。而此时劳动部门负责企业劳动用工计划和工资管理，控制着企业的职工人数和工资基数。在这种情况下，劳动部门开始走上社会保险费征收的第一线，社会保险费的征收、管理和支付全部由劳动部门设立的社会保险经办机构

负责。

(三) 税务部门逐步介入社会保险费征收时期（1995—2017 年)

随着市场经济体制不断完善和快速发展，经济结构和经济运行方式都发生了深刻变化。为适应经济社会这一发展变化的要求，党中央、国务院决定进一步完善和规范社会保险制度。1995 年 3 月，国务院印发《关于深化企业职工养老保险制度改革的通知》(国发〔1995〕6 号)，规定我国实行社会统筹和个人账户相结合的养老保险模式。这时，企业劳动力的管理已经基本靠市场供求来调节，劳动部门对劳动用工计划和工资控管的职能逐渐弱化，对社会保险费的征收显得力不从心，社会保险基金收支不平衡现象较为普遍，基金的支撑能力下降，国家财政和社会经济负担日益加重，严重影响了社会保险制度的正常运转。在这种情况下，部分地区的人民政府为强化社会保险费的征收，缓解社会保险基金的支付压力，逐步将社会保险费征收工作交给征管措施有力、组织收入经验丰富的税务机关。1995—2017 年企业社会保险费陆续划转税务部门征收情况见表 7-1。

表 7-1　　1995—2017 年企业社会保险费划转税务部门征收一览

地区	划转时间	征收险种
浙江	1998 年	养老保险费
安徽	1998 年	各项社会保险费
重庆	1998 年	养老保险费
宁波	1998 年	各项社会保险费
云南	1999 年	各项社会保险费
黑龙江	2000 年	养老保险费
江苏	2000 年	养老保险费
广东	2000 年	各项社会保险费
海南	2000 年	各项社会保险费
陕西	2000 年	养老、医疗、失业保险费
甘肃	2000 年	养老、医疗、失业保险费
内蒙古	2001 年	养老、医疗、失业保险费

续表

地区	划转时间	征收险种
福建	2001 年	养老保险费
湖北	2001 年	各项社会保险费
青海	2001 年	养老保险、失业保险
厦门	2001 年	养老保险、医疗保险
河北	2002 年	养老、失业保险费
辽宁	2003 年	养老保险费
宁夏	2008 年	各项社会保险费
大连	2010 年	各项社会保险费
河南	2017 年	各项社会保险费

（四）税务部门统一负责社会保险费征收时期（2018 年至今）

2018 年 2 月，党的十九届三中全会通过《深化党和国家机构改革方案》，明确各项社会保险费交由税务部门统一征收。2018 年 7 月，中共中央办公厅、国务院办公厅印发《国税地税征管体制改革方案》，明确从 2019 年 1 月 1 日起，将基本养老保险费、基本医疗保险费、失业保险费、工伤保险费、生育保险费等各项社会保险费交由税务部门统一征收。2019 年 1 月 1 日，各地机关事业单位和城乡居民社会保险费全部划转税务部门征收。根据宏观经济形势变化，2019 年 4 月，国务院办公厅印发《降低社会保险费率综合方案》（国办发〔2019〕13 号），对社会保险费征收体制改革进程作出适当调整，要求稳定缴费方式，“企业社会保险费暂按现行征收体制继续征收”，即原由税务部门征收企业社会保险费的 18 个省和 3 个计划单列市，继续由税务部门征收；原由社会保险经办机构征收企业社会保险费的 13 个省、新疆生产建设兵团和 2 个计划单列市，继续由社会保险经办机构征收。

2020 年，抓住阶段性减免企业社会保险费政策窗口期，报经国务院同意，人力资源社会保障部、财政部、国家税务总局、国家医疗保障局联合部署启动企业社会保险费征收职责划转工作，自 11 月 1 日起，原由社会保险经办机构征收的 13 个省、新疆生产建设兵团和 2 个计划单列市的企业社会保险费划转税务部门征收。至此，全国各地各项社会保险费均交由税务部门统一征收。

三、社会保险费征收管理与税收征收管理比较

（一）相同点

1. 征收目标总体趋同。

社会保险费与税收都是由国家主导，参与国民收入再分配的一种方式，具有一定的收入调节功能。不同的社会保险费险种具有不同的收入再分配对象和效应，但主要受益对象是中、低收入群体，可以有效地缩小富裕群体和贫困群体之间的收入差距。

2. 征收对象存在关联。

社会保险费与税收的征收对象都包括法人、个体工商户以及自然人，纳税义务人可能同时又是缴费人，纳税义务人中的个体工商户与缴费人中的个体工商户、灵活就业人员或者城乡居民也有一定程度上的重合。

3. 征收流程基本相似。

社会保险费和税收的一般征管流程都包括登记、申报、缴纳、入库、票证管理和委托代征（收）等业务环节，同时涉及催报催缴、风险管理、强制执行、法律责任与救济、信用管理等相关事项。

（二）不同点

1. 社会保险费征收覆盖面更广。

社会保险费征收服务对象基本覆盖所有机关企业及事业单位、社会团体和居民，与民生保障和社会稳定的关系更密切。

2. 社会保险费征收法律关系复杂。

税款征收的法律关系主要是税务部门与纳税人之间的征缴关系。社会保险费征收既有税务部门与缴费人的征缴关系，又有用人单位与职工的劳动关系，还有社保部门与用人单位及职工的参保关系，法律关系较为复杂，可能出现多方博弈，产生的社会影响也较为深远。

3. 社会保险费征收需多方协同。

按照部门职责分工，社会保险费征缴工作链条长，前端的参保登记和后端的权益记录、待遇发放由人社（医保）部门负责，中间的征收工作由税务部门负责，对部门协作要求较高。而税收征收从税务登记到税款入库，均在税务系统内部完成，业务链条在税务系统内部闭环。

尤其是自然人社会保险费征收具有服务人群多、地域覆盖广、流动性强等

征收特点，税务部门需要在政府统一组织下，多方协作配合，采用集中征收或委托代收等方式进行费款征收。

第二节　社会保险费征缴规定

社会保险费征缴，是整个社会保险费工作的重要环节，是保障社会保险费收入，维护缴费人的合法权益，促进经济和社会发展的重要保证。

社会保险费征缴，是指税务机关依照有关法律和法规，对社会保险费款进行的征收、管理及缴费服务等一系列活动。

一、社会保险登记

登记，就是管理相对人到管理机关注册有关信息，以便于管理和备查。所有依法应当参加社会保险的用人单位和个人都要按照法律规定进行社会保险登记。社会保险的管理机关和执行机构只有通过社会保险登记才能确切、真实地掌握应当参加社会保险用人单位的数量、单位名称、住所、法定代表人、银行账号等基本情况。社会保险登记标志着社会保险关系的建立，是社会保险费征缴工作的首要环节，是社会保险制度“收、管、支”三个环节的重要组成部分，是正常开展社会保险工作的重要基础。

（一）社会保险登记的对象

社会保险登记可分为用人单位社会保险登记和个人社会保险登记。

1. 用人单位社会保险登记。

用人单位社会保险登记包括：企业及其职工，国家机关及其工作人员，事业单位及其职工，民办非企业单位及其职工，社会团体及其专职人员。有雇工的个体工商户及其雇工等应当办理社会保险的单位及个人的参保登记。

（1）企业及其职工。

用人单位应当自成立之日起 30 日内凭营业执照、登记证书或者单位印章，向当地社会保险经办机构申请办理社会保险登记。[①]

用人单位应当自用工之日起 30 日内为其职工向社会保险经办机构申请办

① 参见：《社会保险法》第五十七条。

理社会保险登记。①

2016年10月1日，我国实施了“五证合一、一照一码”登记制度改革，新成立的企业在办理工商注册登记时，同步完成企业的社会保险登记。

延伸阅读

我国证照登记制度改革的历史进程

2012年10月30日，深圳市第五届人民代表大会常务委员会第十八次会议通过了《深圳经济特区商事登记若干规定》（深圳市第五届人民代表大会常务委员会公告第一〇八号）。该规定的第二十三条在全国率先提出：“推行营业执照、组织机构代码证和税务登记证三证合一的登记制度，具体办法由市人民政府另行制定。”

2014年6月4日，国务院印发《关于促进市场公平竞争维护市场正常秩序的若干意见》（国发〔2014〕20号），提出“简化手续，缩短时限，鼓励探索实行工商营业执照、组织机构代码证和税务登记证‘三证合一’登记制度”，各地纷纷响应。

2014年7月7日，国家税务总局发布《关于创新税收服务和管理的意见》（税总发〔2014〕85号），提出“向市场主体发放一份包含营业执照、组织机构代码证、税务登记证功能的证照”。

2015年8月7日，国家工商总局、中央编办、国家发展改革委、国家税务总局、质检总局和国务院法制办等6部门联合印发《关于贯彻落实〈国务院办公厅关于加快推进“三证合一”登记制度改革的意见〉的通知》（工商企注字〔2015〕121号），要求加快推进“三证合一”登记制度改革，确保“三证合一、一照一码”登记模式如期实施。

2016年6月30日，国务院办公厅发布《关于加快推进“五证合一、一照一码”登记制度改革的通知》（国办发〔2016〕53号），规定从2016年10月1日起，全国范围内实施“五证合一”“一照一码”登记，各地将在原有的工商营业执照、组织机构代码证、税务登记证“三证合一”改革基础上，整合社会保险登记证和统计登记证，推进“五证合一”改革。

2017年5月5日，国务院办公厅印发《关于加快推进“多证合一”改革的

① 参见：《社会保险法》第五十八条。

指导意见》(国办发〔2017〕41号),在“三证合一”“五证合一”“两证整合”登记制度改革的基础上,将有关涉及市场主体登记、备案等各类证、照,具体来说就是信息采集、记载公示、管理备查类的一般经营项目涉企证照事项,以及企业登记信息能够满足政府部门管理需要的涉企证照事项,进一步整合到营业执照上,使企业在办理营业执照后即能达到预定可生产经营状态,大幅度缩短企业从筹备开办到进入市场的时间。

(2)机关事业单位及其工作人员。

机关事业单位自成立之日起30日内,应当持有关职能部门批准单位成立的文件、《事业单位法人登记证书》(副本)、参照《公务员法》管理相关文件、单位法定代表人(负责人)的任职文件和身份证等证件、资料,向社会保险经办机构申请办理社会保险登记。[①] 机关事业单位及其编制内人员一般参加机关事业单位基本养老保险、职工基本医疗保险(含生育保险),在部分地区还参加工伤保险。机关事业单位编制外人员参加企业职工基本养老保险、职工基本医疗保险(含生育保险)、失业保险、工伤保险。

(3)有雇工的个体工商户及其雇工。

有雇工的个体工商户及其雇工办理参保登记的时限和方式与企业及其职工基本相同。

2. 个人社会保险登记。

个人社会保险登记包括无雇工的个体工商户、灵活就业人员和城乡居民的参保登记。

(1)无雇工的个体工商户、灵活就业人员。

自愿参加社会保险的无雇工的个体工商户、未在用人单位参加社会保险的非全日制从业人员以及其他灵活就业人员,向社会(医疗)保险经办机构申请办理社会保险登记。

灵活就业人员自愿参保,无强制性时限要求,参保的险种一般为企业职工基本养老保险、职工基本医疗保险。部分地区可参加失业保险、工伤保险。

(2)城乡居民。

自愿参加社会保险的城乡居民,向社会(医疗)保险经办机构申请办理参

---

① 参见:《人力资源社会保障部关于印发〈机关事业单位工作人员基本养老保险经办规程〉的通知》(人社部发〔2015〕32号)第八条。

保登记。城乡居民自愿参保，无强制性时限要求，参保的险种一般为城乡居民基本养老保险、城乡居民基本医疗保险。

3. 其他特殊主体社会保险登记。

（1）在中国境内就业的外国人。在中国境内就业的外国人，是指依法获得《外国人就业证》《外国专家证》《外国常驻记者证》等就业证件和外国人居留证件，以及持有《外国人永久居留证》，在中国境内合法就业的非中国国籍的人员。用人单位招用外国人的，应当自办理就业证件之日起 30 日内为其办理社会保险登记。境外雇主派遣到境内工作单位工作的外国人，应当由境内工作单位自办理就业证件之日起 30 日内为其办理社会保险登记。[①]

（2）宗教人士。根据现行政策规定，宗教团体、宗教院校和宗教活动场所可作为一个单位参加社会保险，宗教教职人员自愿参加基本养老、基本医疗、失业、工伤、生育等社会保险。[②]

（3）在校学生。以学校为单位，由学校统一办理城乡居民基本医疗保险参保登记。

（4）在中国未就业的外国人、在中国内地（大陆）未就业的港澳台人员。根据现行政策规定，可在常住地办理参保登记。

（5）建筑施工企业应依法对不能按用人单位参保、建筑项目使用的建筑业职工特别是农民工，按项目参加工伤保险。[③]

延伸阅读

全民参保登记计划

2014 年 12 月 23 日，第十二届全国人民代表大会常务委员会第十二次会议审议了《国务院关于统筹推进城乡社会保障体系建设工作情况的报告》。报告指出，中国将实施全民参保登记计划，加快实现城乡基本养老保险人员全覆盖。2020 年中国人口预计达到 14.3 亿人，为实现“全面建成覆盖城乡居民的社会保障体系”的目标，国务院有关部门已经制定并开始实施以养老、医疗保

---

① 参见：《在中国境内就业的外国人参加社会保险暂行办法》（人力资源社会保障部令第 16 号）。

② 参见：《国家宗教事务局 人力资源和社会保障部 财政部 民政部 卫生部关于妥善解决宗教教职人员社会保障问题的意见》（国宗发〔2010〕8 号）。

③ 参见：《人力资源社会保障部 住房城乡建设部 安全监管总局 全国总工会关于进一步做好建筑业工伤保险工作的意见》（人社部发〔2014〕103 号）第一条。

险为重点的全民参保登记计划，主要针对部分非公经济组织员工、城镇灵活就业人员、农民工以及部分农村居民等。

（二）社会保险登记的内容

1. 用人单位社会保险登记内容。

用人单位社会保险登记的主要内容有单位名称、住所或者地址、法定代表人或者负责人、单位类型、统一社会信用代码、主管部门、隶属关系、开户银行账号以及省、自治区、直辖市社会保险经办机构规定的其他事项。

2. 个人社会保险登记内容。

各地个人社会保险登记内容暂未统一，一般为姓名、身份证号码、户籍信息、参加险种、个人身份、所属单位、用工形式、开始缴费时间等。

（三）变更登记

1. 用人单位社会保险变更登记。

（1）变更事项的范围。

用人单位名称、住所、经营地址、单位类型、法定代表人或者负责人、开户银行等基本信息发生变更的，应申请办理变更社会保险登记。

（2）变更登记的时限及方式。

已参加社会保险的用人单位社会保险登记事项发生变更的，应当自变更之日起 30 日内，办理变更社会保险登记。变更情形出现之日，是指变更事项产生法律效力之日。其中：在市场监督管理部门进行市场主体登记的企业和个体工商户等用人单位，应当自市场监督管理部门办理变更登记之日起 30 日内到原社会保险经办机构办理变更社会保险登记；事业单位应当自机构编制管理机关变更登记之日起 30 日内办理变更社会保险登记；社会团体、民办非企业单位等应当自民政部门办理变更登记之日起 30 日内办理变更社会保险登记；机关单位应当自批准成立的机关批准其变更之日起 30 日内办理变更社会保险登记。

2. 个人社会保险变更登记。

个人“姓名”“身份证号码”等关键性信息变动必须进行变更登记，非关键信息变动可以不办理变更登记。

（四）注销登记

1. 用人单位社会保险注销登记。

用人单位依法终止的，应当按照规定办理社会保险登记注销手续。其中：

企业和个体工商户等在市场监督管理部门进行登记的主体，应当自市场监督管理部门注销市场主体登记之日起30日内，向原社会（医疗）保险经办机构申请办理注销社会保险登记；事业单位应当自机构编制管理机关注销之日起30日内办理社会保险注销登记；社会团体、民办非企业单位等应当自民政部门注销登记之日起30日内办理注销社会保险登记；机关单位应当自批准成立的机关批准其撤销之日起30日内办理注销社会保险登记。用人单位办理注销社会保险登记，应当提交注销社会保险登记的申请、法律文书或者其他有关注销文件。

用人单位终止的情形较多，具体包括：用人单位被依法宣告破产，用人单位被吊销营业执照、被责令关闭、被撤销或者用人单位决定解散，用人单位与其他单位合并、分立，用人单位歇业、自行停业1年以上、因行政处分或者因法院裁决而终止经营、跨统筹范围转出等。用人单位出现上述情况之一的，应当依法注销社会保险登记。

2. 个人社会保险注销登记。

已参加社会保险的个人在发生出国定居或死亡等情形的，应办理注销登记，终止原参保关系。

（五）社会保险登记信息共享

市场监督管理部门、民政部门和机构编制管理机关应当及时向社会保险经办机构通报用人单位的成立、终止情况，公安机关应当及时向社会保险经办机构通报个人的出生、死亡以及户口登记、迁移、注销等情况。①

人力资源社会保障部门、国家医疗保障部门、税务部门已联合建立了社会保险费信息共享平台，可以实现参保单位和参保个人登记信息、缴费信息的及时共享。税务部门根据社会（医疗）保险经办机构传递的参保信息，确认缴费关系。

（六）社会保险登记的责任机构

社会保险登记实行属地管理。应当参加社会保险的用人单位，应当在注册地社会（医疗）保险经办机构办理社会保险登记；具有异地分支机构的，分支机构一般应当作为独立的参加社会保险单位，向其所在地的社会（医疗）保险经办机构单独申请办理社会保险登记。跨地区的用人单位，其社会保险登记地

---

① 参见：《社会保险法》第五十七条。

由相关地区协商确定。相关地区的意见不一致时，由上一级社会（医疗）保险经办机构确定社会保险登记地。参加社会保险的灵活就业人员，可以在就业地、户籍所在地社会（医疗）保险经办机构办理社会保险登记；参加社会保险的城乡居民可以在户籍所在地、居住地社会（医疗）保险经办机构办理社会保险登记。

需要说明的是，铁路、电力、远洋运输等跨地区、生产流动性较大的企业及其职工，可以相对集中的方式异地办理登记。

延伸阅读

我国劳动关系从“两分法”到“三分法”

2021 年 7 月 16 日，经国务院同意，人力资源社会保障部、国家发展改革委、交通运输部、应急管理部、国家市场监督管理总局、国家医疗保障局、最高人民法院、全国总工会联合印发《关于维护新就业形态劳动者劳动保障权益的指导意见》(人社部发〔2021〕56 号)。在本次指导意见中，明确将新就业形态分为三种类型：

1. 符合确立劳动关系情形的，企业应当依法与劳动者订立劳动合同；

2. 不完全符合确立劳动关系情形但企业对劳动者进行劳动管理（以下简称“不完全符合确立劳动关系情形”）的，指导企业与劳动者订立书面协议，合理确定企业与劳动者的权利义务；

3. 个人依托平台自主开展经营活动、从事自由职业等，按照民事法律调整双方的权利义务。

在三种类型中，第 1 种、第 3 种分别对应了国家现行法律框架中的劳动关系和民事关系，也分别是由《中华人民共和国劳动法》和《中华人民共和国民法典》来认定和调整，也被外界称为“劳动二分法”。而“不完全符合确立劳动关系情形”则是首次出现在我国规范性文件体系中，这也充分表明了我国的法律框架正在由“劳动二分法”向“劳动三分法”过渡和转型。

二、社会保险费申报

申报是社会保险费征缴的重要基础，与各群体的权益记录、待遇计发紧密相关。现阶段下实行缴费人自行申报，并对申报的真实性、准确性和完整性负责。对不同的缴费人，缴费申报的要求有所差别，具体如下。

（一）用人单位及其职工缴费申报

用人单位应当自行申报、按时足额缴纳社会保险费，非因不可抗力等法定事由不得缓缴、减免。职工应当缴纳的社会保险费由用人单位代扣代缴，用人单位应当按月将缴纳社会保险费的明细情况告知本人。[①]

职工应当缴纳的社会保险费由用人单位代扣代缴，职工本人无须亲自到税务机关缴纳社会保险费，用人单位应当按月将缴纳社会保险费的明细情况告知本人。这样规定有以下原因：一是用人单位掌握工资支付信息，因此也最清楚职工个人应当缴纳的社会保险费，这样有利于从源头上控制社会保险费收入。二是符合最大限度控制社会保险管理成本的要求。由用人单位代扣代缴职工个人应当缴纳的社会保险费，而不是由职工个人直接向税务机关缴纳社会保险费，可以大大减轻税务机关征收社会保险费的工作量，并且不增加用人单位的负担。同时，职工个人有缴纳社会保险费的知情权。《社会保险法》明确要求用人单位应当按月将缴纳社会保险费的明细情况告知本人，即职工个人有权知悉各项社会保险费的缴费基数、费率，每月缴纳的各项社会保险费的数额等情况。

（二）个人社会保险费缴费申报

（1）灵活就业人员缴费申报。无雇工的个体工商户、未在用人单位参加社会保险的非全日制从业人员以及其他灵活就业人员，可以直接向社会保险费征收机构申报缴纳社会保险费。[②]

（2）城乡居民缴费申报。城乡居民自主选择缴费档次缴纳基本养老保险费，根据固定的缴费标准缴纳基本医疗保险费。对城乡居民基本养老保险缴费困难群体，地方人民政府为其代缴部分或全部最低缴费档次养老保险费；对参加城乡居民基本医疗保险缴费困难群体实行分类资助政策。部分地区缴费困难群体财政代缴资金由税务部门征收入库。

（三）工程项目工伤保险费缴费申报

建筑施工承包单位以建设项目为单位参加建筑业工伤保险，可以按照项目工程总造价的一定比例计算缴纳工伤保险费，一般应向项目所在地税务机关进行申报缴费。

---

① 参见：《社会保险法》第六十条。

② 同①。

延伸阅读

劳动者应注意哪些社会保险费缴纳陷阱?

社会保险费缴纳关系到个人退休、养老等诸多待遇。然而，有些用人单位以种种理由，不缴、少缴、停缴或缓缴社会保险费，直接损害了劳动者的劳动权益。

陷阱一：单位以试用期为由不缴纳社会保险费。《中华人民共和国劳动合同法》规定，试用期应包括在劳动合同期中。因此，在试用期企业也必须为职工缴纳社会保险费。

陷阱二：让职工承诺放弃缴纳社会保险费。有些用人单位在与职工签订劳动合同时要求职工出具一份书面承诺，承诺书中写明：自愿放弃该公司为其缴纳的社会保险费，用人单位将社会保险费作为工资的组成部分，直接支付给职工。为劳动者参加社会保险并依法缴纳社会保险费是用人单位的法定义务，该项义务不能由用人单位和劳动者通过约定而变更或放弃。

陷阱三：用人单位仅以基本工资或最低工资标准作为缴费基数缴纳社会保险费。《社会保险法》规定，用人单位缴纳社会保险费的基数是本单位职工工资总额。职工应当按照国家规定的本人工资作为缴费基数缴纳社会保险费。个人缴费基数的上下限为上年社会平均工资的60%—300%。用人单位应按规定为职工缴纳社会保险费，不得少缴。

陷阱四：用人单位支付现金，由职工自行缴纳社会保险费。《社会保险法》第六十条规定，职工应当缴纳的社会保险费由用人单位代扣代缴，用人单位应当按月将缴纳社会保险费的明细情况告知本人。因此，代扣代缴社会保险费是用人单位的法定义务，不得改变缴费方式。

为进一步改善用人单位和个人办理社会保险费缴费申报业务的服务体验，降低办事成本，保障用人单位和个人合法权益，各地社会保险费缴费申报流程正在实施调整和优化，调整后的具体规定以后续公布内容为准。

三、社会保险费缴纳

（一）社会保险费缴纳方式（渠道）

根据高效、便捷、安全的原则，税务部门提供线上、线下多元化的社会保险费缴费渠道。同时，税务部门协同相关部门推行社保经办缴费线下“一厅联办”，线上“一窗通办”，不断提升缴费人的获得感和满意度。

1. 用人单位社会保险费缴纳。

（1）线上缴纳。用人单位可通过电子税务局、社会保险费管理客户端等方式缴纳社会保险费。

（2）线下缴纳。用人单位可至办税服务厅等线下场所办理缴费业务。

2. 个人社会保险费缴纳。

（1）线上缴纳。灵活就业人员、城乡居民可通过电子税务局、税务 App、地方政务 App、第三方支付渠道缴纳社会保险费，也可委托商业银行代扣社会保险费。

（2）线下缴纳。灵活就业人员、城乡居民可至办税服务厅或相关商业银行网点柜面等线下场所办理缴费业务。

（3）委托征收。城乡居民社会保险费可采取“政府统一组织，多方协作配合，税务部门集中征收或委托代收”的征收方式。经税务部门委托，幼儿园、学校等教育机构可代收城乡居民基本医疗保险费；村民委员会、居民委员会等基层组织可依职责为城乡居民代办城乡居民基本养老保险、城乡居民基本医疗保险缴费事宜。

3. 特殊人群缴费。

税务部门在推广和鼓励线上缴费的同时，保留线下现金缴费渠道，为老年人、残障人士等特殊缴费人群提供便捷服务。

（二）申报缴费期限

社会保险费申报缴费期限，是指根据相关规定，缴费人申报缴纳社会保险费款的时限。

1. 用人单位社会保险费申报缴费期限。

各省（区、市）申报缴费期限规定不完全一致。如部分省市的申报缴费时间为每月 1—25 日，部分省市则为每月 1—15 日。

2. 个人社会保险费申报缴费期限。

城乡居民、灵活就业人员可按月申报缴费，也可按季、半年、年度合并缴纳，具体执行各省（区、市）政策规定。

（三）避免双重缴费的规定

随着对外经济交流越来越频繁，外国人在华就业和中国人在外就业现象越来越多，为保障我国跨国就业人员在流动过程中因被两国社会保障制度覆盖而产生的双重缴费问题，自 2001 年以来，我国已与德国、韩国、丹麦、芬兰、加拿大、瑞士、荷兰、法国、西班牙、卢森堡、日本、塞尔维亚等国正式签署了社会保障协定。双边社会保障协定的签署和实施，便利了国际经贸往来和人员交往，有效保障了我国出境工作人员的社会保障权益，切实减轻了我国企业在境外的社会保险缴费负担，为服务我国对外开放大局发挥了重要作用。

我国签署社会保障协定的出发点是保护在外就业的劳动者权益，聚焦跨国企业和劳动者在派出国和工作国双重缴纳社会保险费的问题，重点采用互免缴费的方式减轻我国外派企业和人员负担。我国已签署的社会保障协定，从覆盖的人员范围看，主要是派遣人员、船员和航空器上人员、外交官和公职人员等群体；从主要内容看，主要是双重缴费的豁免；从险种看，主要是养老保险和失业保险，有的只有养老保险。

依据双边社会保障协定，跨境工作人员申请免除工作国相关社会保险费，要由派出国向工作国出具《参保证明》。跨境工作人员可以凭借该证明免除在工作国缴纳相关社会保险费。申请程序上，中方驻外工作人员，向人力资源社会保障部社会保险事业管理中心申请开具有关证明，并寄往驻在国，申请免缴在外国就业期间应缴的社会保险费；外方在华工作人员向工作所在地社会保险征缴机构出具由外方指定经办机构签发的有关证明，我国税务机关审核后免征其在华工作期间的社会保险费。

四、社会保险费缓缴和退费

（一）社会保险费缓缴

用人单位应当自行申报、按时足额缴纳社会保险费，非因不可抗力等法定事由不得缓缴、减免。[①] 用人单位因不可抗力造成生产经营出现严重困难的，经有关部门批准后，可以暂缓缴纳一定期限的社会保险费，期限一般不超过 1 年。用人单位按照《社会保险法》规定提供担保并与社会保险费征收机构签订缓缴协议的，免收缓缴期间的滞纳金。缓缴到期后，用人单位应当缴纳相应的社会保险费。

---

① 参见：《社会保险法》第六十条。

延伸阅读

用人单位阶段性缓缴

用人单位社会保险费阶段性缓缴。一般采取“即申即享”“免申即享”等经办模式。

(1) 即申即享。

为应对新冠疫情影响，减轻企业负担，支持企业复工复产，2022 年 4 月，人力资源社会保障部、财政部、国家税务总局印发《关于做好失业保险稳岗位提技能防失业工作的通知》（人社部发〔2022〕23 号），2022 年 5 月，人力资源社会保障部、国家发展改革委、财政部、国家税务总局印发《关于扩大阶段性缓缴社会保险费政策实施范围等问题的通知》（人社部发〔2022〕31 号），对部分困难行业企业和中小微企业实施企业职工基本养老保险费、失业保险费、工伤保险费阶段性缓缴政策。

缓缴社会保险费坚持自愿原则，符合条件的困难企业，可根据自身情况申请缓缴一定期限的社会保险费。各级人力资源社会保障、税务部门简化办事流程，推行“网上办”等不见面服务方式，简化程序，方便企业办理，减轻企业事务性负担。对生产经营困难、所属行业类型等适用条件，可实行告知承诺制，企业出具符合条件的书面承诺。

(2) 免申即享。

2022 年 6 月，国家医疗保障局、国家发展改革委、财政部、国家税务总局印发《关于阶段性缓缴职工基本医疗保险单位缴费的通知》（医保发〔2022〕21 号），明确统筹基金累计结存可支付月数大于 6 个月的统筹地区，自 2022 年 7 月起，对中小微企业、以单位方式参保的个体工商户缓缴 3 个月职工医保单位缴费，缓缴期间免收滞纳金。符合条件的中小微企业无须提出缓缴申请即可享受缓缴单位缴费政策，免申即享。

以个人身份参保人员自愿暂缓缴费

2020 年和 2022 年，国家先后出台了以个人身份参加企业职工基本养老保险的个体工商户和各类灵活就业人员自愿暂缓缴费政策。以个人身份参保人员当年缴纳费款有困难的，可自愿暂缓缴费，次年底前进行补缴，缴费基数在次年当地个人缴费基数上下限范围内自主选择，缴费年限累计计算。

以个人身份参保人员自愿暂缓缴费的，参保人员可根据自身情况自愿选择，一般无须提出申请。

（二）社会保险费多缴退费

社会保险费多缴退费，各省的规定未完全一致，一般采取税务机关受理核验、人社或医保部门退还的方式。个别地区由人社或医保部门直接受理核验并办理退付手续。还有个别地区根据不同退费原因采取不同退费方式：因社会保险费政策变化需退费的，直接由人社或医保部门受理核验并办理退付手续；因税务部门及委托代征单位误收或缴费人误缴、重复缴费需退费的，由税务机关受理核验、人社或医保部门退还。

五、社会保险费征缴的法律责任

《社会保险法》《社会保险费征缴暂行条例》等法律法规对用人单位和职工的社会保险费征收进行了强制性规定，而对灵活就业人员、城乡居民等未作强制性要求。

用人单位未按时足额缴纳社会保险费的，由社会保险费征收机构责令其限期缴纳或者补足。用人单位逾期仍未缴纳或者补足社会保险费的，社会保险费征收机构可以向银行和其他金融机构查询其存款账户；并可以申请县级以上有关行政部门作出划拨社会保险费的决定，书面通知其开户银行或者其他金融机构划拨社会保险费。用人单位账户余额少于应当缴纳的社会保险费的，社会保险费征收机构可以要求该用人单位提供担保，签订延期缴费协议。

用人单位未足额缴纳社会保险费且未提供担保的，社会保险费征收机构可以申请人民法院扣押、查封、拍卖其价值相当于应当缴纳社会保险费的财产，以拍卖所得抵缴社会保险费。

职工应当缴纳的社会保险费由用人单位代扣代缴。用人单位未依法代扣代缴的，由社会保险费征收机构责令用人单位限期代缴，并自欠缴之日起向用人单位按日加收 0.05%的滞纳金。用人单位不得要求职工承担滞纳金。①

---

① 参见：《实施〈中华人民共和国社会保险法〉若干规定》（人力资源社会保障部令第 13 号）第二十条。

第三节　社会保险费征缴争议

一、社会保险争议

社会保险争议，是指人力资源社会保障行政部门、医疗保障部门、税务部门及社会保险经办机构在依照法律、法规及有关规定办理社会保险事务过程中，与公民、法人或者其他组织之间因实现社会保险权利和义务而产生分歧所引起的争议。社会保险争议包含社会保险征缴争议、社会保险支付争议、社会保险待遇争议以及其他争议等。

社会保险争议具有以下特点：

第一，当事人的多样性。有人力资源社会保障行政部门、医疗保障部门、税务部门、社会保险经办机构、劳动者、用人单位、医疗服务机构、商业银行等。

第二，时间跨度较长。社会保险争议发生在劳动关系存续期间或劳动关系终止之后，以及社会保险事务管理关系之中。

第三，利益相关性强。社会保险争议的内容与当事人的法定社会保险权利和义务相关。

以社会保险的险种为标准划分，社会保险争议主要有以下几种。

（1）养老保险争议；

（2）医疗（生育）保险争议；

（3）失业保险争议；

（4）工伤保险争议。

二、社会保险费征缴争议

社会保险费征缴争议是在社会保险征缴过程中劳动者、用人单位与税务部门、人力资源社会保障部门、医疗保障部门因未缴、欠缴社会保险费、缴费基数、年限等社会保险权利和义务产生分歧而发生的争议。主要有以下几种。

（1）职工与用人单位因缴费基数问题、欠费问题产生纠纷；

（2）用人单位及职工对社会保险费应征金额有异议的；

（3）缴费人因社会保险费补缴、退费、滞纳金加收等事项与税务部门、人力资源社会保障行政部门、医疗保障部门产生争议的；

（4）缴费人对人力资源社会保障部门、医疗保障部门、税务部门提供的缴费服务不满意的；

（5）社保费征缴过程中发生的其他争议事项。

三、社会保险费征缴争议处理的法律依据

《社会保险法》第八十三条规定，用人单位或者个人认为社会保险费征收机构的行为侵害自己合法权益的，可以依法申请行政复议或提起行政诉讼。

用人单位或者个人对社会保险经办机构不依法办理社会保险登记、核定社会保险费、支付社会保险待遇、办理社会保险转移接续手续或者侵害其他社会保险权益的行为，可以依法申请行政复议或者提起行政诉讼。

个人与所在用人单位发生社会保险争议的，可以依法申请调解、仲裁、提起诉讼。用人单位侵害个人社会保险权益的，个人也可以要求社会保险行政部门或社会保险费征收机构依法处理。

四、社会保险费征缴争议处理的税务探索

社会保险争议往往涉及缴费人切实利益，需妥善处理。为做好社会保险争议处理工作，2019 年，国家税务总局在广东省税务局、厦门市税务局开展了社会保险争议处理试点工作，为全国税务系统积累争议处理经验。税务机关处理社会保险费缴费行政争议分为复查和行政复议两种方式。鉴于税务行政复议规则已经较为成熟完善，基本可适用行政复议方式处理社会保险费缴费行政争议。

第四节　社会保险费统计核算

社会保险费统计核算是统计原理和方法在社会保险费征收活动中的具体应用，即通过收集、整理、核算社会保险费征收活动中相关数据资料，对其中的客观对象总体数量特征和数量关系进行研究分析，反映社会保险费征收活动内在规律的工作实践。

社会保险费统计核算是社会保险费征收管理的基础工作，也是国民经济核算的重要组成部分。通过开展社会保险费统计核算，能够真实、准确、完整反映国家社会保险政策的贯彻落实情况，掌握各项规划、计划的执行进度，及时发现社会保险管理、社会保险费征收过程中存在的问题，对各项政策的经济效益、社会效益进行评估，为进一步完善社会保险制度提供参考依据。

一、社会保险费统计核算概述

《社会保险法》规定，社会保险费征收机构应当将缴费情况定期告知用人单位和个人；同时规定社会保险经办机构应当定期向社会公布参加社会保险情况以及社会保险基金的收入、支出、结余和收益情况。

（一）社会保险费统计核算的任务

统计信息是按照国家统计制度采集的规范、系统的信息，是覆盖面最广、综合性最强的信息，因而是社会经济信息的主体，是政府了解情况、研究问题、进行科学决策和管理的重要依据。社会保险费征收职责划转至税务部门以后，税务部门成为社会保险的重要参与者和管理者，在开展征收工作的过程中，必然要按照规定开展统计核算工作，完成各项工作任务。税务部门开展社会保险费统计核算的主要任务有以下四个方面。

1. 服务基金运转。

全面真实地反映作为社会保险基金主要来源的社会保险费的收入规模、速度、水平、结构以及预算执行情况，监控社会保险费资金是否足额及时到账，预测一定时期内社会保险费收入变动趋势。

2. 服务征收管理。

反映税务部门征收社会保险费工作的成果，查找征收工作中存在的风险和问题，合理评价征管质效。

3. 服务民生保障。

记录缴费人尤其是特定人群、优抚对象的缴费情况和权益，反映缴费人年龄、薪酬（缴费基数）分布，为合理确定社会保障待遇提供数据支持。

4. 服务改革发展。

通过社会保险费统计核算，可以全面、系统、准确反映国家政策的贯彻落实情况，掌握各项规划计划的执行进度，及时查找社会保险费管理、征收过程中存在的问题，对各项政策的经济效益、社会效益进行评估，保障国家、用人单位和参保人员的利益；准确反映政策效应，为社会保险政策调整和社会保险事业发展提供数据支撑和分析依据，满足国际、国内比较需要。

（二）社会保险费统计分析

1. 收入形势分析。

按月对当月社会保险费收入情况进行分析，主要内容是查找当月及累计社会保险费收入增减变化原因，对社会保险费收入和降费等因素进行量化分析，研判社会保险费收入形势和趋势。

2. 基金运行分析。

重点围绕保险费收入、基金收入、基金支出、累计结余、可支付月数等指标，统筹考虑阶段性减免费、财政补助等因素，分地区分析基金收支情况以及减免费政策对基金运行和待遇发放带来的影响，预测后续基金总体可持续运行情况以及分地区的可持续运行情况，提出相应的对策建议。

3. 费源费基分析。

重点围绕当期和上期的各险种参保人数、缴费人数等指标，分地区、行业、类型、规模等维度，通过同比和环比分析人数变化情况，对费源费基变动情况进行分析，进而对经济形势进行研判。

4. 缴费人行为分析。

对于城乡居民基本养老和基本医疗保险的缴费人选择参保时间、缴费档次等情况进行分析，分析缴费人年龄、待遇发放以及缴费档次等因素间的关系，根据区域内缴费人偏好、人口年龄结构测算城乡居民基本养老和基本医疗保险费收入变动趋势，提出完善制度、合理设置缴费档次的建议。

二、社会保险费统计指标体系

统计指标是说明统计总体综合数量特征的名称以及在统计实践活动中用来说明统计总体数值的名称。对于社会保险工作来说，围绕社会保险从经济社会活动，到费源费基确定，再到征收管理，进而开展深入分析的工作闭环建立一套统计指标体系，能够系统、全面反映事物的数量特征和社会保险活动的内在规律。

（一）社会保险费统计指标体系概述

1. 社会保险统计指标体系的概念。

社会保险统计指标体系是由若干相关联的统计指标组成的，用以描述一个地区一定时期内社会保险的基本情况，全面反映社会保险制度体系的一整套统计指标。一般来说，社会保险统计指标体系分为基础指标和分析指标两大类，基础指标是反映某一方面基本状况、数量的指标；分析指标是反映某一方面特征如比率、速度、规模等的指标。

2. 税务部门征收社会保险费统计指标体系框架。

社会保险费的产生过程可以分成四个阶段：一是与社会保险相关的经济社会活动；二是单位和个人参加社会保险；三是计算应缴纳的费款金额并完成收缴；四是记录缴费信息并确认缴费权益。相关的经济社会活动与参加社会保险关联形成费源费基，费源费基与社会保险制度关联形成应征费款，应征费款与征收工作关联形成社会保险费收入，社会保险费收入征收后的权益记录和征收管理本身都需要通过开展统计分析来实现。从税务部门征收工作链条来看，这一过程对应着参保登记、征收管理、入库核算、统计分析等四个环节。

根据税务部门征收社会保险费的实际和下一步的发展方向，依据社会保险费的产生过程和税务部门的征收工作链条，税务部门征收社会保险费的统计指标体系框架至少应包括参保登记、征收管理、入库核算、统计分析的工作流，设立费源费基、征收管理、社会保险费收入、统计分析四大类指标，每一类指标中再根据需要确定不同分类维度，形成一套指标体系。

（二）社会保险费统计指标体系的构成

社会保险费统计指标体系主要由费源费基类、征收管理类、保费收入类、分析评估类指标构成（如图 7-1 所示）。

1. 费源费基类。

（1）参保单位。

参保单位数量，是指报告期末参加各类社会保险并在社会保险经办机构或税务部门办理参保登记的各类企业、机关事业单位、社会团体、民办非企业单位、以单位方式参保的有雇工的个体工商户等的数量。参保单位性质，是指缴费单位的属性类型，如企业、机关、事业单位等。

（2）参保个人。

参保个人按身份可分为参保职工、城乡居民、灵活就业人员以及其他人员。参保职工数量，是指报告期末参加各类社会保险并在社会保险经办机构或税务部门建立缴费记录档案的职工数量。参保城乡居民数量，是指报告期末参加城乡居民基本养老保险、城乡居民基本医疗保险的人数。参保灵活就业人员

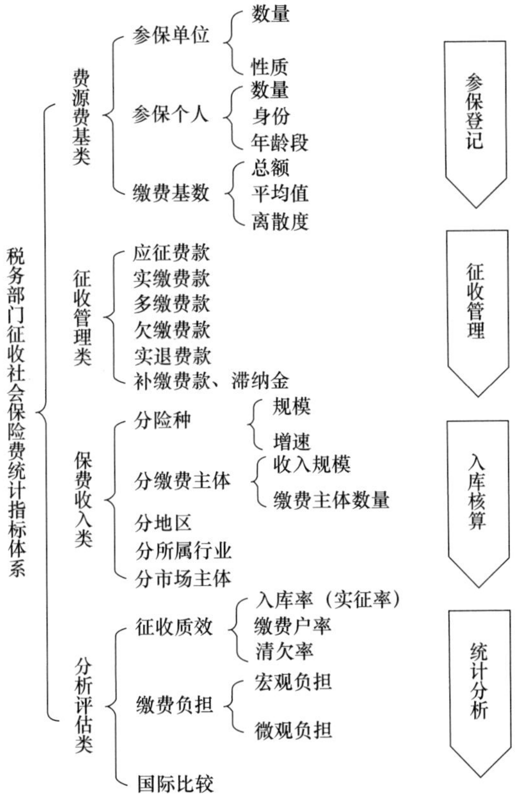

图 7-1　税务部门征收社会保险费统计指标体系

数，是指报告期末非全日制、暂时性和弹性工作等以灵活方式就业的城镇居民参加基本养老保险、基本医疗保险等的人数。

（3）缴费基数。

缴费基数分为用人单位缴费基数和个人缴费基数。缴费基数总额，是指报告期内参加各类保险的单位及个人缴纳保险费的缴费基数之和，按缴费人员的应缴口径计算。缴费基数平均值是缴费基数总额除以缴费人数得到的值，一般按月统计。

2. 征收管理类。

（1）应征费款。

应征费款，是指报告期内参加各类社会保险的缴费单位和个人，按照规定的标准计算出来的应缴纳的相应保险费金额，不包括应补上年度末之前历年欠费。

（2）实缴费款。

实缴费款，是指报告期内参加各类社会保险的缴费单位和个人，实际缴纳并已计入国库或者财政专户的相应保险费金额，不包括实际补缴上年度末之前历年的欠费和跨年度（跨季度）的预缴金额。

（3）多缴费款。

多缴费款，是指报告期内实际缴纳的费款多出按照规定的标准计算出来的应缴费款的部分费款。

（4）欠缴费款。

欠缴费款，是指截止到报告期内尚未缴纳的按照规定的标准计算出来的应缴费款。欠缴费款又可分为本期新发生欠费和往期欠费。

（5）实退费款。

实退费款，是指报告期内发生的退还缴费单位或缴费个人的费款。

（6）补缴费款、滞纳金。

补缴费款，是指报告期内缴纳的上年度末之前历年的欠费。滞纳金，是指按照规定缴纳的滞纳金。

3. 保费收入类。

（1）分险种。

社会保险费按险种划分，包括：①基本养老保险，含企业职工基本养老保险、城乡居民基本养老保险、机关事业单位基本养老保险；②基本医疗保险，含职工基本医疗保险、城乡居民基本医疗保险；③失业保险；④工伤保险；⑤生育保险（2019 年末与职工基本医疗保险合并实施）；⑥职业伤害保障；⑦长期护理保险。

（2）分缴费主体。

社会保险费按缴费主体划分，包括：①企业；②机关事业单位；③职工（包括企业职工、个体工商户的雇员、机关事业单位工作人员）；④灵活就业人员；⑤城乡居民。

（3）分地区。

按照行政区划分，可按省、自治区、直辖市和计划单列市共 36 个地区划分，或者按省、自治区、直辖市以及新疆生产建设兵团共 32 个地区（均不含港澳台）划分，也可按东部、中部、西部、东北地区划分。

（4）分所属行业。

分所属行业，是指按照《国民经济行业分类》（GB/T 4754—2017）划分的行业类型。

（5）分市场主体。

分市场主体，是指按照《关于市场主体统计分类的划分规定》（国统字〔2023〕14号）划分的市场主体类型。

4. 分析评估类。

（1）征收质效。

主要是用于评估税务部门征收社会保险费质效的分析指标。其中：

实缴率=报告期内单位个人实缴费款合计÷报告期内单位个人应缴费款合计×100%

缴费户率=报告期内实际缴费单位数量÷报告期内参保单位数量×100%

清欠率=报告期内收到的清欠费款÷上年度末欠缴费款×100%

（2）缴费负担。

宏观缴费负担=某地区（国家）报告期内社会保险费收入总额÷该地区（国家）报告期内地区生产总值（国内生产总值）×100%

微观缴费负担=某缴费单位报告期内缴纳社会保险费总额÷该企业报告期内单位及个人缴纳保险费的工资总额×100%

（3）国际比较。

根据选取国家的社会保险制度，对社会保险费规模、结构、宏观缴费负担等进行比较分析。

三、社会保险费降费核算

党中央、国务院高度重视降低企业社会保险缴费负担工作，先后作出一系列决策部署。自2015年以来，我国先后多次降低或阶段性降低社会保险费率。要精准反映降费政策实施效果，就必须科学开展降费政策措施落实情况的统计核算和效应分析工作，统一各个层级、地区、费种的核算口径，建立数据采集、审核校验、汇总上报、核算分析体系，做到“心中有数”“底账清晰”。

（一）降费核算内容

1. 工作目标。

以贯彻落实降费政策规定为重点，建立健全社会保险降费统计核算体系，全面统计核算每户企业的减费额和分地区分险种的减费总额、缓缴情况。做好政策执行情况和经济社会效应分析，客观反映降费政策执行效果，充分运用社会保险降费统计核算数据，深入分析企业的降率减费、人员和工资自然增长增费情况，分析企业实际缴费增减变化原因。

2. 核算周期。

（1）按照政策执行期核算。阶段性降费政策一般会规定政策执行期，例如，2018 年企业职工基本养老保险费率降至 19%，从 2018 年 5 月 1 日执行至 2019 年 4 月 30 日，核算该项政策的降费额，可核算政策执行期内总降费额。

（2）按照财政年度核算。社会保险基金预算按年编制，为对应年度社会保险费收入，也可按年核算社会保险降费总额。一些政策执行期较长，出现跨越自然年度的情况，而且同一年度内可能在已执行政策之外还有年内新出台的政策。因此，按照财政年度核算时，可以根据政策执行期分为新出台政策、延续性政策、翘尾政策等。其中，新出台政策是指核算年度内新出台的政策，在以前年度未产生降费，只在本年内产生降费。延续性政策是指以前年度出台的政策在核算年度内执行期满以后，继续按照原政策执行且产生降费。翘尾政策是指上一年度已执行的且在核算年度内仍然产生降费的政策。对于执行期未跨自然年度的政策，按照财政年度核算降费总额与按照政策执行期核算的降费总额一致。

（3）降费核算口径。

从根本上来说，降费就是为了减轻缴费人负担，通过调整政策减少缴费人实际缴纳的费款。开展降费核算，实际上就是计算因政策调整带来的费款减少额。也就是说，降费核算的口径是政策调整前与调整后产生的费款减少额，即：

降费额=未执行政策时的缴费额−执行政策后的缴费额

如果政策涉及缓缴费款等内容，还要同时核算缓缴的情况。

需要注意的是，由于决定社会保险费额的因素主要是缴费基数和费率，在其中一个因素如费率下降时，另一个因素如缴费基数上升（如工资提高造成缴费基数提高，或缴费人员增加）也可能造成社会保险费额的上升，而不是减少。因此，在核算降费的同时，有时候也要根据政策内容核算人员和工资增长带来的增费情况，分析企业实际费额增减变化原因。计算公式为：

工资增长带来的增费额=当期人均缴费工资×上年同期缴费人数×上年同期费率−上年同期缴费金额

人员增长带来的增费额=人员增加数×当期人均缴费工资×上年同期费率

（二）降费核算方法

1. 分户核算和分省测算。

开展降费核算时，可以根据政策具体内容，采取分户核算和分省测算相结合的方式。分户核算，是指对每户缴费人的降费情况进行核算，汇总得出某个地区的降费总额。分省测算，是指对某个省的降费情况进行综合测算。

2. 核算降率减费额。

降率减费，是指因当期和上年同期适用费率不同带来的实际减费额，核算时计算费率差额即可，计算公式为：

降率政策减费额=缴费基数×（降率前费率−实际执行费率）

3. 核算缴费基数调整降费额。

（1）测算调整就业人员平均工资计算口径的减费额。

调整就业人员平均工资计算口径的地区，可用上下限缴费基数减少额乘以费率，计算公式为：

调整社会平均工资口径减费额=［缴费基数减少额（下限）+缴费基数减少额（上限）］×费率

缴费基数减少额（下限）=缴费下限总人数×（调整前缴费基数下限标准−调整后缴费基数下限标准）

缴费基数减少额（上限）=缴费上限总人数×（调整前缴费基数上限标准−调整后缴费基数上限标准）

其中，费率为阶段性降率前的费率。省内各地市未统一缴费基数上下限标准或费率的，可分地市测算减费额，按照省汇总。具有明细缴费数据的地区，应用明细缴费数据分户核算调整就业人员平均工资计算口径减费额，按照省汇总。

（2）测算完善个体工商户和灵活就业人员缴费基数政策的减费额。

完善个体工商户和灵活就业人员缴费基数政策的地区可用上下限缴费基数减少额乘以费率，分省测算相应的减费额。计算公式为：

完善个体工商户和灵活就业人员缴费基数政策减费额=［缴费基数减少额（下限）+缴费基数减少额（上限）］×费率

缴费基数减少额（下限）=缴费下限总人数×（调整前缴费基数下限标准−调整后缴费基数下限标准）

缴费基数减少额（上限）=缴费上限总人数×（调整前缴费基数上限标准−

调整后缴费基数上限标准)

省内各地市未统一缴费基数上下限标准或费率的，分地市测算减费额，按照省汇总。具有明细缴费数据的地区，应用明细缴费数据核算完善个体工商户和灵活就业人员缴费基数政策减费额，按照省汇总。

4. 阶段性减免社会保险费统计核算。

对于在一定时期内免征或减征社会保险费额的计算公式为：

免征政策减费额=应缴费额-免征后缴费金额=缴费基数×险种费率×免征比例（按项目参保的工伤保险还要再乘以折算比例）

减征政策减费额=应缴费额-减征后缴费金额=缴费基数×险种费率×减征比例（按项目参保的工伤保险还要再乘以折算比例）

5. 不调整缴费基数下限。

一般情况下，社会平均工资会逐年上浮调整，缴费基数下限也会随之上浮调整。2020年的降费政策中，城镇企业职工基本养老保险继续执行2019年缴费基数下限，这就产生了降费额，其计算公式为：

（1）延用缴费基数下限单位部分减费额。

延用缴费基数下限单位部分减费额=（2020年月缴费基数下限标准-2019年月缴费基数下限标准）×下限缴费总人数×单位费率（16%）

（2）延用缴费基数下限个人部分减费额。

延用缴费基数下限个人部分减费额=（2020年月缴费基数下限标准-2019年月缴费基数下限标准）×下限缴费总人数×个人费率（8%）

（3）参保缴费基数下限灵活就业人员减费额。

缴费基数下限灵活就业人员减费额=（2020年月缴费基数下限标准-2019年月缴费基数下限标准）×下限缴费总人数×个人费率（20%）

6. 缓缴企业社会保险费情况。

对企业缓缴社会保险费情况，可根据企业申报的缓缴情况，按月分险种统计期内分别申请缓缴的户数及金额（分单位部分和个人部分），统计指标有缓缴户数、缓缴金额（单位部分）、缓缴金额（个人部分）。

本章思考题

1. 国税地税征管体制改革后，税务部门的职责进一步拓展，由“征税为主”向“税费皆重”转变，服务的纳税人缴费人有13亿之多。思考企业、自然人等不同群体在税费服务、监管和执法等方面的异同点及原因。
2. 简述我国社会保险费征收体制改革的历程。
3. 缴费人缴纳社会保险费的方式有哪些？
4. 如何妥善处理社会保险征缴争议？
5. 税务部门征收社会保险费统计指标包括哪些？